学生心理健康分析与危机干预研究

王文波 著

北京工业大学出版社

图书在版编目（CIP）数据

学生心理健康分析与危机干预研究 / 王文波著． —
北京：北京工业大学出版社，2025.7重印
ISBN 978-7-5639-7213-5

Ⅰ．①学… Ⅱ．①王… Ⅲ．①大学生－心理健康－健康教育－研究 Ⅳ．①G444

中国版本图书馆 CIP 数据核字（2019）第 262042 号

学生心理健康分析与危机干预研究

著　　者： 王文波
责任编辑： 郭志霄
封面设计： 点墨轩阁
出版发行： 北京工业大学出版社
（北京市朝阳区平乐园 100 号　邮编：100124）
010-67391722（传真）　bgdcbs@sina.com
经销单位： 全国各地新华书店
承印单位： 三河市元兴印务有限公司
开　　本： 787 毫米 ×1092 毫米　1/16
印　　张： 11
字　　数： 220 千字
版　　次： 2021 年 10 月第 1 版
印　　次： 2025年7月第4次印刷
标准书号： ISBN 978-7-5639-7213-5
定　　价： 54.00 元

前　言

随着现代社会的快速发展，大学生面临着各种各样的社会、家庭、学习和就业问题，自身发展压力普遍加大，心理素质面临严峻挑战，由此引发的心理危机问题剧增，时有令人痛心的伤害事件发生。心理危机问题越来越引起学校和社会的关注和重视。增强大学生的心理保健意识，提高大学生的心理危机应对能力，已成为高等学校必须面对、不容忽视的一项重要而又紧迫的任务。

大学生心理危机干预是一项非常有意义的研究，也是一个全新的研究领域，更具深刻的实际意义。学生心理危机干预涉及每个年轻的生命，因此其重要性是不言而喻的，它是大学生心理健康教育的重要组成部分。大学生心理危机干预必须与时俱进，因为心理活动既有其客观性，又有其历史性与文化性，辩证地、发展地看待大学生发展中出现的问题，积极应对成长与发展中出现的各种心理危机，并主动地开展预防与干预工作，必然有助于大学生学习心理危机知识，掌握心理危机预防的技能与方法，进一步促进其健康人格的完善。

本书根据当今大学生的实际情况，从多角度对大学生心理危机的理论知识以及预防、应对与干预工作做了系统的介绍，共包括八章：大学生心理健康发展特点、大学生心理健康状态分析、大学生常见心理适应问题探究、大学生心理危机概述、大学生心理危机干预、大学生心理危机预防、大学生自杀及其干预、大学生社会支持系统。本书可作为高等学校大学生心理危机干预工作的指导用书，也可作为学生、教育工作者、家长等学习心理危机预防知识的参考用书。

笔者在写作和修改本书的过程中，查阅和引用了书籍以及期刊等相关资料，在此谨向本书所引用资料的作者表示诚挚的感谢。由于笔者水平不足，书中难免有纰漏之处，恳请广大读者批评指正。

目　录

第一章　大学生心理健康发展特点

我国大学生多数处于青年中期（18~24 岁）这一年龄阶段。在这个阶段，个体的身体发育已接近完成，他们已具备了成年人的体格及种种生理功能，但其心理尚未成熟。大学生以这种尚未完全成熟的心理状态来应对不断变化的环境，其心理发展之路必定是坎坷不平的。可以说，大学生的心理问题更复杂、更多变、更具有独特性。而且大学校园不同于任何一种社会生活环境，它在社会中处于一个特定的层次。因此，大学生的心理发展有着十分明显的特点，他们面临着独特的心理冲突。

第一节　大学生心理发展特点与危机易感因素

我国著名发展与教育学家张增杰在生前的最后一段时间，花了相当多的精力来研究大学生心理问题，他认为大学生心理发展具有积极与消极并存的特点。

一、大学生的心理发展特点

（一）大学生心理发展的积极特点

大学生心理发展正处于迅速走向成熟的阶段，这些成熟的方面表现出积极的特点。

第一，精力充沛、朝气蓬勃，具有勇往直前的魄力。

第二，出现大量类似成人的新需要，并渴望获得充分满足，从而激起对生活的美好愿望。

第三，情绪强烈，但比青年初期更善于控制；情绪丰富，热情高涨；高尚情操日益发展。

第四，抽象逻辑思维高度发展，辩证性思维日益提高，发散性思维有新发展。想象力丰富，善于独立思考，思想活跃。求知欲强而好争辩，迫切希望能有新的发明、创造与成就，并对社会、对人类做出贡献。

第五，自我意识有新的发展，对自己各方面的认识大大提高，主动性增强，同时自尊心特别强。

第六，人际圈进一步扩大，比青年初期更善于与他人交往，对友谊和爱情十分重视。

第七，富有理想，积极向上，向往真理。

（二）大学生心理发展的消极特点

处于发展过渡期的大学生，虽然由于迅速走向成熟而具有许多积极面，但在这些积极面中也包含着没有达到真正成熟的方面，因此某些本属于积极的特点，当他们不善于考虑当时的客观条件或情境时，或所发挥的作用超过一定限度时，往往易于走向反面，甚至表现出有害的特点。其中包括以下几个方面。

第一，滥用充沛的精力或蛮干。

第二，在客观条件未具备时，急于谋求需要的满足，导致失败或误入歧途。

第三，对情绪、情感缺乏控制时，易成为情感的奴隶。

第四，过分依靠想象与间接思维，不善于将集中思维与发散思维巧妙地结合起来，这容易导致他们脱离现实，坚持片面性的结论，使他们产生怀疑的心理或不满现实，并削弱其进取心。

第五，自我意识强，情绪体验深，在不良因素的影响下，易陷入负面情绪中。

第六，在未掌握正确的社会准则时，在开放、自由的交往中，容易走入歧途。

第七，在缺乏正确的理想指导时，求知欲与敏感性易导致迷信错误的、自以为是的“新知识”或“新思潮”。

二、大学生群体普遍存在的危机易感因素

大学生思想认识上的不成熟和个性上的不稳定导致大学生身心发展不平衡。在特定的社会环境和个人生活环境下，大学生的某些心理特点易向消极方向转化，这些导致心理危机产生的易感因素会使大学生出现消极的行为趋向。

（一）认知发展不成熟

认知发展是心理发展的一个极其重要的方面，而青年时期又是个体认知发展的重要转折时期，这一时期的认知方式还存在着明显的不成熟特征。

1. 形式逻辑思维占主导

青少年虽掌握了一定的辩证思维方式，但根据皮亚杰的认知发展理论，形式逻辑思维仍占据优势地位。形式逻辑思维的显著特点是，其反映的是事物的相对静止性和不同事物之间的确定性。在这种思维活动中，个体更加强调逻辑性、客观性和确定性，而较少注意事物的个别性、差异性和运动性，且形式逻辑思维可以脱离感知、表象、经验的支持，以命题为依据，从纯粹的假设出发，通过推理得出结论。这使得大学生不能客观、全面、辩

证、理性地认识事物，表现出一定的主观性、片面性和绝对性，对事物常常做出非此即彼、非善即恶、非好即坏的简单评价。

2. 自我意识发展不平衡

（1）对自我的高度关注

青年期是自我意识发展的关键时期。大学生身体发育的成熟、思维与想象能力的发展、感受力的提高、人际关系范围的扩大，使他们开始把关注的重点转向自我，去发现、探求自己微妙的内心世界。

一方面，他们迫切要求形成自己独特的个性与独特的理解方式，自觉地从各方面塑造自己的形象、设计自我的模式。

另一方面，大学生容易以自我为中心，一些大学生认为周围的人在密切关注他们，认为许多人都在注意他们的思想、感觉和行为。这使大学生过高评估别人对自己的兴趣，对外界的评价过于敏感。比如，演讲比赛上一个小小的失误会让他们辗转反侧；脸颊上的几个小痘痘会让他们把自己关在宿舍好几天。大学生对自我的高度关注容易使他们处于焦虑状态。

（2）自我意识的矛盾性

大学生自我意识的发展过程就是其不断分化和整合的过程。大学生自我意识的分化主要表现为主观我与客观我的矛盾、理想我与现实我的矛盾、独立与依附的冲突、渴望交往与心理闭锁的冲突、自负与自卑的冲突、理智与情感的冲突等。自我意识的分化使大学生对自我产生不确定性，有时的自我评价是积极的，认为自己很优秀；而有时又是消极的，觉得自己一无是处，由此产生对自我肯定性或否定性的情绪体验。这些使大学生的内心冲突加剧，使他们感到强烈的痛苦和不安。

（二）情绪发展不成熟

情绪是个体对客观事物的主观体验，是人脑对客观事物与人的需要之间关系的反映。大学生正处于青年期，他们的情绪与整个身心都处于蓬勃发展时期，由不成熟向成熟过渡。因此，大学生的情绪发展也呈现出明显的矛盾性。一方面，他们的情绪逐渐趋向成熟与理性，对自我情绪有一定的控制力，情绪表达比较内隐和含蓄；另一方面，他们的情绪特征还残留着不成熟的因素，表现为情绪波动性较大，情绪体验深刻，易激惹、易冲动，且持续时间较长。这些情绪便成为潜在的危险因素。

1. 情绪的冲动性

心理学家霍尔认为青年期处于“蒙昧时代”向“文明时代”的演化时期，他把这一时期称为“疾风骤雨”时期。社会阅历的增加和知识水平的提高，大学生能够在一定程度上控制和调节自己的情绪，但他们兴趣广泛，对外界事物的感受性日益增强，对许多事物充满好奇，这使他们业已形成的认知结构不能同化各种各样的新事物，对外来刺激较为敏感，情绪易被激发，犹如暴风骤雨般来势凶猛，且往往不计后果，带有很强烈的冲动性。情绪心理学认为，人在激情状态时往往认知范围狭窄，缺乏全面、准确的判断能力，不能正确估计行为后果。一些大学生的自制力较弱，一旦出现某种外部刺激，情绪便会突然爆发，由于冲动的力量驱使，他们的情绪反应较为强烈，很容易感情用事，产生破坏性的行为和后果。一些大学生遇到诸多不顺或重大挫折时会自我否定、悲观失望。

2. 情绪的波动性

尽管大学生的情绪趋于稳定，但仍带有明显的波动性。他们时而快乐、时而忧伤，时而振奋、时而消沉，时而激动、时而平静。一个小小的刺激都可以使一些大学生的情绪发生骤然变化，从一个极端跳到另一个极端。特别是在社会转型过程中，社会的变迁、体制的变革、新旧价值观的冲撞、种种复杂的社会现象更容易使大学生产生困惑和迷茫，导致情绪的困扰与波动。

3. 情绪的持久性

大学生的情绪在具有爆发性、不稳定性的同时，还具有持久性的特点，即情绪体验持续时间较长，而且这种体验会逐渐转化为一种心境，这是大学生情绪自我控制和调节能力提高的一种表现。但这种内隐的情绪也是相当危险和有害的，一方面，长期的不良心境会诱发人格的改变；另一方面，内心能量的积聚会引发过激行为。

（三）自我控制能力弱

自我控制是心理学的核心词汇，指心理控制观或控制源，是人们日常生活中对行为或事件结果的一般性看法。它存在着内控和外控的个体差异，内控者相信凡事操之于己，把成功归因于自己的努力或能力，把失败归因于自己的疏忽或能力不足，对自己的行为负责，并将自己视为能控制自我行为的人；外控者相信凡事不操之于己，把成功归因于幸运，把失败归因于运气、社会和背景或他人等外部因素。一个人心理的成长是不断拒绝诱惑、进行自我控制的过程。在面对众多诱惑时，大学生的自我控制力往往较弱，逃课、逃学甚至退学的现象便是较弱自我控制力的典型表现。

在倡导素质教育的今天，一些学生不知道自己真正想要的是什么，缺乏真正的内在动机与需求。有的学生从小学开始，一直按照家长或成人设定的目标努力着，直到进入大学才开始思考自己的兴趣、动机与愿望，甚至有的大学生依然不知道自己喜欢什么，内心的动机没有被激发出来，而靠外在动机维持的学业动机会逐渐衰减，这使他们表现出无所事事、消极度日、沉溺网络等行为。

我国著名心理学家陈会昌教授提出，每个学生心中都有两颗种子，一颗是学习社会期望的知识、技能，完成成人要求的任务；另一颗是出于个人的兴趣、动机、愿望而做的事情，从而实现个人理想。对一些学生来说，前一颗种子的生长土壤非常肥沃，而第二颗种子的生长土壤非常贫瘠。因此，我们应把注意力集中在改善学生第二颗种子的生长环境之上。

（四）不良心态

无聊、自卑、不良意志品质、懒散、退缩、偏狭、虚荣、环境适应不良等都是存在于部分大学生身上的不良心态。

1. 无聊

无聊心理的主要特点是空虚、幻想、被动，感觉不到自我存在的意义与人生价值，其核心在于没有确立恰当的人生目标。空虚是由于没有目标或目标太低，人一旦失去目标的牵引，生活就会失去动力；如果缺乏对生命意义的深刻认识，人就会出现茫茫然混日子的现象，甚至否定生命的意义。幻想是由于目标定位不准确或目标太多而导致的心理负担，实质是对责任的恐惧。被动是由于目标不是自己内心的渴望，未获得内心的自觉与认同，只是为学习而学习，为考试而考试，疲于应付，学习生活中缺乏主动性和创造性。克服空虚、幻想、被动等无聊心理的根本方法是确立恰当的人生目标，并在人生目标指引下实现自己的人生价值。

2. 自卑

自卑是大一新生容易出现的不良心理。经过高考竞争的大学新生进入大学校园之后，突然发现自己只不过是大学新生中的普通一员。在强手如云的新的班集体里，面对新一轮的排列组合，昔日那种“鹤立鸡群”的优越感已渐渐消失，一些大学生在心理上产生了一种失落感。同时高考过后，大家从埋头学习中抬起头来，第一次有机会能够看清彼此，有的学生猛然发现自己和他人之间除了学习成绩外，还有其他许多方面的差距。在知识、才艺、人际关系、家庭背景等方面不如人的地方有很多。一些来自农村、山区和贫困地区的学生，或因为家庭经济困难，或因为服饰落伍，或因为浓重的乡音，或因为孤陋寡闻，容易产生自卑心理，于是沉默寡言、内向孤僻，甚至自我轻视、自我消沉。

3. 不良意志品质

不良意志品质是意志发展的不良倾向，主要表现为生活缺乏目标、随波逐流、无所事事、懒散倦怠、浑浑噩噩、醉生梦死，或表现为对意志品质的曲解，把刚愎自用、轻率当作果断，把犹豫、彷徨当作沉着冷静，把固执己见、执着一念当作顽强，等等。不良意志品质一经形成，就会带来很多性格缺陷甚至发展为人格缺陷。克服不良意志品质的方法是矫正自我认知中的非理性观念，正确理解意志品质的内涵，发展自觉性、果断性、坚韧性和自制力，树立远大的理想、坚定的信念和正确的世界观，确立恰当的行动目标并付诸实践。

4. 懒散

懒散是指一种慵懒、闲散、拖拉、疲沓、松垮的生存状态。其主要表现为以下几方面：活力不足，什么也不想做，没有计划、缺乏朝气；无法将精力集中在学业上，无法从事自己喜欢的事情，百无聊赖、心情不爽、情绪不佳、犹豫不决、顾此失彼、做事磨蹭。有的大学生常常是踏着铃声进教室，常为自己的懒散寻求合适的解释，做事一误再误，无休止地拖下去，他们虽下决心改正，但不能自拔，不接受教训。克服懒散的方法是从小事做起，自我监控，学习科学的时间管理方法。正如有学者所言："你是容量极大的水库，里面蓄积了从未使用过却随时随地可以供你使用的天赋与才干，如果拖拉和胆怯使你永远无法打开那智慧的闸门，水库也就如同空的一样。"

5. 退缩

退缩是指在困难面前表现出怯懦与畏难、逃避与后退的行为，主要表现为缺乏勇气和信心，不敢表明自己的态度，不敢承担责任，不敢冒险，不敢与坏人坏事做斗争，回避困难、逃避责任，等等。退缩的人常常抱怨自身的不幸，宁愿忍受痛苦也不主动追求。克服退缩需要勇气与毅力，要鼓励自己积极应对生活中的挫折，发现自己的优点，变被动为主动。

6. 偏狭

偏狭是人们常常说的"小心眼"，主要表现为心胸狭窄、耿耿于怀、挑剔、嫉妒。偏狭是一种有百害而无一利的人格特征。偏狭人格多出现于性格内向者，尤其是女性。偏狭不是与生俱来的，而是后天习得的。人一旦心胸狭窄，就容易陷入管状思维的困境中，只见树木，不见森林。要克服偏狭人格，首先要学会宽容，能够容人容事，正确看待生活中出现的矛盾和冲突，对事不对人；其次要开阔心胸，拓宽视野。

7. 虚荣

虚荣是指过分看重荣誉、他人的赞美，自以为是。虚荣心往往与自尊心、自卑感密切相关。没有自尊心，就没有虚荣心，也就没有自卑感。虚荣心是自尊心与自卑感的混合产物。虚荣心强的人一般性格内向、情感脆弱、自尊敏感，虽然有些自卑，但又担心别人伤害自己的尊严，过分介意别人的评论与批评，与人交往时防御性强，喜欢抬高自己的形象，其实他们捍卫的是虚假的、脆弱的自我。要克服过强的虚荣心，首先要对虚荣心的危害性有明确的认识；其次要正确看待名利，正视自己的优势与不足，扬长避短；再次是树立健康与积极的荣誉心，正确表现自己，不卑不亢，正确对待个人得失与他人评价。

8. 环境适应不良

环境适应不良主要指大学生在大学学习、生活、人际关系等方面的不适应。表现为强烈的失落感、孤独感，不能适应变化的环境。事实上，在构成环境的诸多要素中，人是最重要的要素，个体既受环境的影响与制约，又影响与改变着环境，因此大学生要多了解自己所处的环境，培养自我调节的能力，以使自己主动适应环境并成为环境的改造者。

三、"90后"大学生的心理发展特点

"90后"大学生成长在中国经济快速发展、社会急剧变革、改革全面深化、信息高速发展的特殊时期，"他们追求独立，个性张扬，对新事物接受快，思想前卫，观念超前，

既有着强烈的叛逆性，又有着无法摆脱的依赖性”。他们的心理发展普遍存在以下几个特点。

（一）自我意识显著化

“90后”大学生虽然在经济上对父母表现出一定的依赖性，但他们的成人意识逐渐清晰，在思想上则呈现出显著的自我独立意识。他们不再满足于课堂上的知识灌输，而是关注课外实践，注重自我能力的培养。随着独立思考和独立活动能力的增强，他们敢于评论社会现象，提出个人见解；敢于重视个人价值，发挥个人作用和专长。他们以主人翁的态度积极处理学习、生活和工作中的各项事务，自我权利保障意识明显增强，敢于拿起法律武器保护自己的合法权益。但在这些过程中也不乏片面、幼稚和消极的做法，从而导致挫折和失败的产生。加之一些大学生心理脆弱，挫折容忍力差，不会用适当的方式来释放压力，最后出现了各种心理问题，因此从某种意义上说，这是“90后”大学生自我矛盾的集中体现。

（二）价值观念多元化

由于受社会大环境的影响较深，“90后”大学生的价值观念明显呈现出多元化趋势。学生中出现了对各国家和民族文化的喜爱的倾向。大学生中相继出现“时装人”（没有确定的价值观，像改换时装一样更换思想、观念和行为的人）、“平面人”（表面化、面具化的，没有深度，不承认一切价值的人）、“实惠族”（讲求实际，强调实用，选择实惠，凡事只看效果，缺乏对终极价值的追求的人）、“新理性人”（既有超越意识又脚踏实地，既有远大抱负又有求实精神的人）、“新理想派”（能够保持灵魂的高洁和精神的自由，不“独善其身”，对社会、对他人充满责任感，尽职尽责的人）等。价值观念多元化最为突出的表现是主流价值观有被模糊化、边缘化的倾向，诸如奉献精神、集体主义精神、为人民服务的思想等，在部分“90后”大学生的心目中的地位已降低。一些大学生把物质或金钱作为个人价值的衡量标准，片面强调个人回报，在生活中追求享受，攀比消费，赶潮流消费。

（三）人际交流网络化

随着当代信息技术的高度发展，特别是互联网的日益普及，网络已经渗透到各高校的方方面面，上网已逐渐成为“90后”大学生学习和交流的主要方式。网络虚幻和自由的特点能够带给他们思想交流的满足和精神的愉悦。但一些大学生沉溺其中，容易模糊网络与现实的本质差异，往往造成自身人格的扭曲。校园BBS是“90后”大学生发表意见和观点的交流平台；MSN、BLOG、Fetion、QQ空间、百度贴吧、微博等是“90后”大学生抒发自己情感的园地；人人网、开心网等校园网络是“90后”大学生与朋友交流的重要媒介；网络游戏、网上聊天、“偷菜”网购是“90后”大学生打发课余时间的主要方式；

“晒一晒”“给力的”“必须的”等成为“90后”大学生的口头禅……这些都是借助网络这一平台来进行的，改变了以往纸质化和面对面的交流模式。随着感情的释放，他们也渐渐建立了一个虚拟的人际关系网，为他们多重的“人生”提供了可能。

（四）生活环境社会化

随着改革开放和市场经济的进一步发展，当今社会的交流手段日益先进，信息传递日益快速，这就为“90后”大学生接受各种思想文化和社会动态提供了更为广阔的空间。“90后”大学生的社交、娱乐、学习和工作都呈现出强烈地走出校园、走向社会的趋势。大部分的在校大学生，或是迫于生计，或是为求锻炼，都主动或被动地以实习或打工的方式去体验社会。他们有着较强的参与社会公共事务、被了解和认同的内在需要，他们热心从事志愿服务，广泛参与社会工作，从汶川地震到北京奥运会的举办，都有着“90后”参与的身影。这就使得许多学生问题与社会问题联系在一起，社会上的一些不良恶习也会趁机蔓延到校园中来，学校教育管理工作也因此不仅局限于校园内部事务，同时，大学校园内也逐步实现后勤社会化，很多高校的食堂、超市、住宿（公寓）都转向企业化经营模式，这也加速了“90后”大学生生活环境的社会化进程。

总体上看，“90后”大学生个性张扬、乐于表现、自主独立、思想活跃、求真务实、追求时尚、目标明确、推崇民主、渴望平等。但受市场化、网络化、信息化和全球化的影响，他们心理发展中存在的一些问题和不足同样需要引起高校的重视。

第二节　大学生人格特征与心理危机

人格是稳定的行为方式和发生在个体身上的人际过程。人格是应激源与心理危机之间重要的中介力量，人格特征在很大程度上决定了个体对应激事件的反应程度，具有不同人格的人的应激反应是不同的，因此，对人格特征与心理危机的关系进行研究，对于危机的预防和干预有重要意义。

一、人格特质的含义

我们通常会思考自己是一个什么样的人，是外向的还是内向的；是独立性较强，还是依赖性较强；是活泼的还是严肃的，这外向—内向、独立—依赖、活泼—严肃便是所谓的人格特质。当然，除了这三个维度外，人格特质还包括很多方面。

早期特质理论家高尔顿·奥尔波特就曾用4000多个形容词来对人格进行描述。人格特质论认为，人格由一组特质组成，特质是构成人格的基本单位，特质决定个体的行为，每个人的每种特质在量上是因人而异的，因此就构成了人与人之间人格上的差异。奥尔波特将人格分为共同特质和个人特质，共同特质指在某一社会文化形态下，大多数人和大多数群体都具有的特质；个人特质是个人所独有的特质，代表了个人的人格倾向。依据个人所拥有特质所起作用的大小，又将其分为首要特质（最典型、最具概括性的特质）、中心特质和次要特质（只有在某种特殊情况下才表现出来的特质）。

雷蒙德·卡特尔是特质论的又一著名代表。他不仅继承了奥尔波特的共同特质与个人特质说，还提出了表面特质和根源特质的概念。表面特质指外部表现出的能直接观察到的行为或特征；而根源特质潜藏在人格的最底层，决定着表面特质，是人们相互关联的特征或行为的基础，一般不直接表现出来。卡特尔于1949年用因素分析法筛选出16种人格根源特质，它们分别为乐群性、聪慧性、稳定性、恃强性、兴奋性、有恒性、敢为性、敏感性、怀疑性、幻想性、世故性、忧虑性、求新性、独立性、自律性、紧张性。

几十年来，人格结构一直是人格研究领域一个经久不衰的主题。20世纪80年代末至90年代初，学术界在人格描述模式上形成了比较一致的共识，发现了人格的五大因素：神经质性、外向性、求新性、随和性、尽责性。

神经质性描述了情绪的稳定性和调节情况。经常感到焦虑、敌对、压抑、烦恼、忧伤、不安、情绪容易波动的人处于神经质性的高分一端，而得分较低的人多表现为平静、自我调适良好，不易出现极端和不良的情绪反应。

外向性的高分表现为爱好交际、精力充沛、热情、乐观、果断、友好、自信；低分即内向性表现为含蓄、严肃、沉默寡言等。

求新性的高分表现为勤于思考、富于想象、寻求变化、创造力强、乐于接受新观念等特征；而低分者表现为传统、顺从、因循守旧、循规蹈矩等。

随和性的正面表现为合作、体贴、信赖、直率、乐于助人、富有同情心；另一极端则表现为怀疑、敌意、争斗、自负、不团结。

尽责性的正面表现为有能力、公正、可靠、谨慎、坚持、有责任心，计划性、条理性和自律意识强；负面表现为马虎、粗心、意志薄弱、见异思迁。

卡特尔16种人格特质与五大模式是特质论中较为著名的两大理论，特别是五大人格，虽然目前学术界对它的评价褒贬不一，但不能否认它确实已得到普遍认可和广泛应用，其在人格特质理论中的学术地位不可撼动。

二、人格的危机易感特质

多个人格维度构成了我们完整的人格系统，呈现出我们有别于其他人的、总体的、独特的人格特征。具有不同人格特征的人对外来刺激有着不同的反应，而存在不同反应的根源需要从人格特质中挖掘。尽管我们大多数人不会处在各种特质维度的极端，但我们的人格中或多或少都存在着各种不同特质的成分。下面介绍几种对于心理危机有较强易感性的人格成分，大学生可以此为参照，尽量控制或杜绝这些不良人格因素（或人格的负面因素）的滋生和干扰。

（一）羞怯与心理危机

羞怯（或社交羞怯）是大学生中较为常见的心理行为表现，有的大学生由于人际交往能力不足，很容易形成羞怯的个性。羞怯者在从事社交活动时会感到紧张、不安和焦虑，在与陌生人交往，或在不熟悉或被很多人关注的场合时，更加感到局促不安、手足无措。羞怯的原因在于他们非常注重自我，过于在意外界的评价，因此降低了轻松表达自我的能力，这使他们对自己的表现极为不满，再加上容易消极看待外界的反馈，害怕再次出丑，因此他们更加拒绝人际交往，于是形成了恶性循环。

羞怯与心理危机的关联：第一，羞怯者害怕与人交往，每一次的社交活动对他们来说都是可怕的、尴尬的体验，使他们经常处于高焦虑状态之中；第二，羞怯者有很严重的自卑心理，他们很怕别人看不起自己，往往很在意别人的评价，而且会把别人的评价无端加上消极色彩，使自己徒增烦恼；第三，有些羞怯者内心非常渴望自己能够在社交场合挥洒自如，拥有更多的朋友，但现实让他们产生很强的挫折感，他们在遇到困难时不愿寻求或根本找不到什么人来帮助自己。

（二）抑郁与心理危机

抑郁是一种感到无力应付外界压力而产生的消极情绪体验，常伴有厌恶、痛苦、羞愧、自卑等感受。对大多数人来说，特定情况下适度的抑郁感是正常的，也是稍纵即逝的，若一个人长期处于抑郁状态，使抑郁逐渐形成较为稳定的人格特质甚至发展成为抑郁症，他便具有了较强的危机易感倾向。抑郁质的人孤僻、闷闷不乐、情绪低落、缺乏活力、精力不足、兴趣丧失、反应迟钝、行动迟缓、效率降低、心神不宁、食欲下降、情感体验深刻，细腻而脆弱，一点风吹草动都会引起他们情绪的波动。他们一般难以忍受强烈的刺激，也不善与人交往，喜欢独处和品味自己的内心世界，在困难面前常显得怯懦、自卑、优柔寡断。

大学生抑郁心理形成的原因是多方面的，生活目标的丧失、学习和人际关系的受挫都有可能使他们陷入长期的抑郁情绪中而无法自拔。

（三）焦虑与心理危机

焦虑也是一种情绪体验，是对当前或预计到的有潜在威胁的情境的担忧，常伴随着忧虑、焦急、紧张、恐惧等情绪反应，人们在面临威胁或预料到某种不良后果时，都有可能产生这种体验。在这个紧张刺激不断增多、竞争不断增强的社会里，每个人都可能处于一定的焦虑状态。

适度的焦虑对于保持生命活力是必要的，但过度焦虑往往会带来不良影响，被焦虑困扰的大学生常表现出烦躁不安、紧张惶恐、心神不定、思维受阻、注意力不集中、记忆力下降、行动不灵活、身体不适等症状，同时还常常会伴有头痛、失眠、食欲不振、肠胃不适等生理反应。具有特质性焦虑的人焦虑体验更为强烈和持久，他们草木皆兵、杯弓蛇影，惶惶不可终日，当预先知觉到某种情境或期待某种事件发生时，焦虑更为严重。

（四）情绪化与心理危机

我们每个人都经历过很多的积极情绪与消极情绪，但有些人所体验到的情绪强度较大，并且这些高强度情绪会被他们通过各种各样的方式表露出来，这种人就是典型的情绪化的人。

情绪化的人有较强烈的情绪体验（既包括积极情绪，也包括消极情绪），他们的情绪反应时高时低，波动较大，也就是我们常说的“大喜大悲”。他们情绪强度较大的原因在于他们往往夸大事件的影响，虽然他们也经常会有较强烈的积极体验，但消极体验也很强烈，一点小挫折都会把他们压垮，别人眼中一些小小的烦恼放到他们头上便仿佛有泰山压倒之势，并且他们极易采取过激行为。当然，我们不能否认，情绪化的人情感表达能力较强，会及时把自己内心的不良情绪宣泄出来，这有助于心理健康的维护，同时对人际沟通也大有裨益。

（五）归因风格与心理危机

归因是人们对行为或事件结果原因的解释。每个人都有习惯的归因方式，这就形成了每个人不同的归因风格。一般通过三个维度来考察人的归因方式：内部归因—外部归因、稳定归因—不稳定归因、一般归因—特殊归因。一个人的归因方式会反过来激发他的动机，影响他的行为、期望和情感反应。

1. 内部归因—外部归因

这与内控论—外控论相似，内控论者相信自己可以驾驭生活，事件的后果主要取决于个人的努力，如果没有成功，他们会把原因归结为个人努力不够，并较容易采取积极的应对方式去找出问题的症结所在，进而努力去克服。而外控论者正好相反，他们认为事件的结果主要取决于命运、机会或其他外界不可控力量，个人的努力无济于事，不会对结果造成什么影响，在困难中一般采取逃避等消极应对方式。

2. 稳定归因—不稳定归因

稳定归因方式者倾向于把问题归结为较为稳定的原因，如“我没有英语天赋”“天气热让脑子不清醒”；不稳定归因方式者倾向于把问题归结为偶然的、可变的因素，如“这次考试之前没有好好复习”，所谓的稳定因素一般是不可控的，而不稳定因素是可能通过努力改变的。

3. 一般归因—特殊归因

一般归因把问题归结为普遍的、一贯的因素，而特殊归因倾向于就事论事。

一般来说，内部归因—外部归因维度与心理危机的关系最为密切，把问题归结于内部会使个体采用积极的应对方式化解困难，而归结于外部则是所谓的“宿命论”，放弃了自己努力的权利，任由事态发展。但不合理的内部归因、稳定归因和一般归因又会使个人产生很强的自卑、无助和挫折感，提升了焦虑和抑郁情绪。这样看来，每种归因方式都各有利弊，大学生要避免心理危机的困扰就应根据现实情况科学合理地进行归因。

（六）偏狭与心理危机

偏狭是一种不恰当的认知方式。具有偏狭人格的人心胸狭窄、眼光短小、认死理、爱钻牛角尖，只见树木、不见森林，认知结构较为简单，判断事物非此即彼。在面临较为复杂的应激情境时不能理性分析，思维常常陷入极端。例如，一学生期末考试有一门没有及格，他便认为自己没有脸面对父母，认为周围人都在嘲笑他，找工作时用人单位也会因此不录用他。我们听起来似乎觉得很可笑，但具有偏狭心理的人在没有外界干预的情况下极易陷入管状思维而无法自拔，从而采取极端行为。

（七）回避与心理危机

在应激情境中，有些人会采用多种方式去应对所面临的困境，这种应对是个体主动选择的，有些人也可能不采用任何应对方式（主动选择的应对方式不同于本能的心理防御反应）。应对方式多种多样，我们每个人在应激情境中都有习惯性的应对方式，这种习惯性的应对方式是由我们的人格特质决定的，同时又成为我们人格特质中的一部分，成为我们有别于他人的特征之一。

按性质分，常见的应对方式可以分为积极应对与消极应对两大类。“回避”方式可以概括为否认、退缩、压抑、逃避等消极应对方式。在应激情境下，不论采用何种应对方式都比没有采用任何应对方式更能减少压力，消极应对方式虽然可以在一段时间降低焦虑等应激反应，却不利于问题的解决，个体在逃避一段时间后发现这些问题依然困扰着他，而且在不断采用消极应对方式的情况下，个体会离自己的现实生活越来越远，当自我认知和现实的差距非常大的时候，他们便会陷入更为严重的焦虑之中。

当然，现实生活中，各种各样的压力经常会让我们不堪重负，暂时采用回避等应对方式可以让我们舒缓身心、减轻压力，以更饱满的精神投入到新的工作和学习中去。但回避若变成一种习惯性的应对方式，那便是弊大于利了。

（八）依赖与心理危机

依赖主要表现为缺乏信心，放弃了对自己大脑的支配权，没有主见，总觉得自己能力不足，难以独立，甘愿置身于从属地位。依赖心理严重的人时常诉求他人的帮助，做事优柔寡断，希望父母或师长为自己做决定。依赖别人意味着放弃对自我的主宰与控制，这样往往不能形成自己独立的人格。依赖型人格对亲近与归属有过分的渴求，这种渴求是强迫的、盲目的、非理性的，他们往往缺少自我、缺少主见、独立能力差、决策能力弱。

具有依赖性格的人如果得不到及时纠正，发展下去有可能形成依赖型人格障碍，即时时处处被动、依赖、消极、等待，难于以一个独立的人立足于社会。而当需要独立时，他们对正常的生活、工作都感到很吃力，内心缺乏安全感，时常感到恐惧、焦虑、担心，时间一长或稍遇挫折，便会出现焦虑症、恐惧症等情绪障碍或身心疾患。

综上所述，人格本身及其所决定的认知和应对方式影响了个体对于外界刺激的反应。具有易感人格特质的人或无端把一般生活事件转化为应激源，使自己经常暴露在应激情境之中；或不能采用合理的认知和应对方式，使自己无法避免或摆脱应激源的侵扰，这提高了心理危机爆发的概率。

第二章　大学生心理健康状态分析

大学生中经常会有这样的现象：有一段时间状态不佳就说自己心理不正常了，有点小洁癖就说自己得强迫症了，心情郁闷几天就觉得自己患了抑郁症。有的学生可能只是随口说说，不过由于对这些专业术语不甚了解，他们心里面还是会有些担心。有的学生对自己的心理困扰没有准确的认识，不知道怎样调节，导致心理健康状况越来越糟糕。所以，学习一些心理健康知识，了解一下心理健康状态的等级与分类，对更好地提高心理健康水平、优化心理品质、预防心理危机情况的发生具有非常重要的作用。

第一节　心理健康状态等级

现代健康的含义是多元的、广泛的，包括生理、心理和社会适应性三个方面，其中社会适应性归根结底取决于生理和心理的素质状况。1989 年世界卫生组织把健康的概念定义为“躯体健康，心理健康，社会适应良好”。

一、心理健康状态的等级

有学者将心理健康状态大致划分为心理正常和心理不正常两个等级，而心理正常又被划分为心理健康和心理不健康两个等级。

这里说的“心理正常”指具备正常功能的心理活动，或者说是不包含精神病症状的心理活动，其具有三大功能。

第一，能保障人作为生物体顺利地适应环境，健康地生存与发展。

第二，能保障人作为社会实体正常地进行人际交往，在家庭、社会团体、机构中正常地肩负责任，使人类赖以生存的社会组织正常运行。

第三，能使人类正常地、正确地反映、认识客观世界的本质及其规律性，以便创造性地改造世界，创造出更适合人类生存的环境条件。

而这里说的“心理不正常”就是变态心理学中说的“异常心理”，是指有典型精神障碍（俗称“精神病”）症状的心理活动。由于丧失了正常心理活动的三大功能，所以无法保证人的正常生活，而且其异常的心理特点会随时破坏人的身、心健康。心理不正常的基本元素包括痛苦、适应不良、不合理、不可预知性和失去控制感、少见的和非传统性、旁观者不适、违背标准。

很显然，“正常”和“异常”是标明和讨论“有精神障碍”或“没有精神障碍”等问题的一对范畴。而“健康”和“不健康”是在“正常”范围内用来讨论“正常心理”水平的高低和程度如何的一对范畴。

心理健康是指各类心理活动正常、关系协调、内容与现实一致、人格处在相对稳定的状态。心理不健康是指由于现实的学习、工作、个人生活压力以及婚姻、家庭、社会适应等具体事件造成的各类不良情绪与行为（烦恼、厌倦、困惑、灰心、后悔、怨气、道德冲突、抉择困难、社会或家庭人际关系的矛盾、婚姻或恋爱造成的苦恼、学生的学习困难和上网依赖等）。

可见，“健康”和“不健康”这两个概念统统包含在“正常”这一概念之中。这种区分是符合实际的，因为不健康不是有病，不健康和病是两类性质的问题。

心理健康要从多方面加以评价，主要包括本人评价、他人评价和社会功能状况。第一，本人不觉得痛苦——即在一个时间段中（如一周、一月、一季或一年）快乐的感觉大于痛苦的感觉；第二，他人未感觉到异常——即心理活动与周围环境相协调，未出现与周围环境格格不入的现象；第三，社会功能良好——即能胜任家庭和社会角色，能在一般社会环境下充分发挥自身能力，利用现有条件（或创造条件）实现自我价值。

而不健康心理活动是一种动态失衡的心理过程。不健康心理活动涵盖一切偏离常模而丧失常规功能的心理活动。当心理活动变得相对失衡，而且对个体生存、发展和稳定生活质量起负面作用时，那么，这时的心理活动便被称为“不健康心理”状态。

另外，许多学者将人的心理健康水平分为三个等级。

第一，一般常态心理者。表现为心情愉快，适应能力强，善于与别人相处，能较好地完成同年龄发展水平应做的活动，具有调节情绪的能力。

第二，轻度失调心理者。表现为不具有同龄人所应有的愉快心情，与他人相处略感困难，生活自理有些吃力。若主动调节或在心理辅导专业人员的帮助下，可恢复常态。

第三，严重病态心理者。表现为严重的适应失调，不能维持正常的生活、工作，若不及时治疗就可能恶化，成为精神障碍患者。

二、判断正常心理与异常心理的原则

人体的身高、体温可以用尺子、温度计准确测量，心理健康水平的测试就困难得多，不妨来看看下面的这些例子。

一个人正在开心地玩扑克牌游戏，这时同伴走过来拿走了他的扑克牌，他立刻大哭大叫。你认为他正常吗？也许你会认为他不正常。但是，如果他是一个四五岁的孩子，你还这样认为吗？有一位同学，精力旺盛，易与人相处，每天无忧无虑。可是近两个星期来，他变得极为抑郁，不能集中精力学习，晚上失眠，还时常发出哭喊声。他是精神不正常了吗？或许你会这样认为。但是，假如你知道，他两个星期前收到家里的来信，得知自己心爱的弟弟得了白血病，两天前又得知弟弟已离开人世。你还会认为他的精神出了问题吗？

通过这些例子，人们已能意识到对人的心理是否正常的判断标准是相对的。判断人的心理健康状况时必须考虑年龄、性别、社会身份、情境等各种因素。某些行为发生在女性身上可以接受，而发生在男性身上则难以容忍，某些行为在特定的社会背景和条件下是正常的反应，而在其他情况下出现则被视为超常规的行为。

那么怎样判断正常心理与异常心理呢？临床上一般以判断正常与异常心理活动的三项原则为判断标准。

（一）主观世界与客观世界的统一性原则

不管是谁也不管是在怎样的社会历史条件和文化背景中，如果一个人说他看到或听到了什么，而客观世界中当时并不存在引起他这种感觉的刺激物，那么我们必须肯定，这个人的精神活动不正常了，他产生了幻觉。另外，一个人的思维内容脱离现实或思维逻辑背离客观事物的规定性时便会形成妄想。人的精神或行为只要与外界环境失去统一，必然不能被人理解。比如，按人的行为的正常值，在公共场合不能大吵大闹，否则可能是精神不正常，但是如果一个人在公共场合受到不能容忍的污辱，怒不可忍的情况下大吵一番，这时虽然背离了平均水平，但仍然是十分正常的行为，因为其在量与质方面都和外部刺激保持着一致关系。从另一个角度来看，有的人虽然在行为上没有超越平均水平，但精神也可能是异常的。

另外，在精神病学临床上，常把“自知力”作为是否有精神病的标准，其实这一标准已涵盖在以上标准之中。所谓“无自知力”或“自知力不完整”是指患者对自身状态的反映错误。

（二）精神活动的内在协调一致性原则

人类的精神活动虽然可以被分为认知、情感、意志等部分，但它自身确实是一个完整的统一体，各种心理过程之间具有协调一致的关系，比如，一个人遇到一件愉快的事时会产生愉快的情绪，手舞足蹈，欢快地向别人述说自己内心的体验。这样，我们就可以说他的精神与行为是正常的。如果不是这样，一边用低沉的语调向别人述说令人愉快的事，或是对痛苦的事做出快乐的反应，我们就可以说他的心理失去了协调一致性，进入了异常状态。

（三）个性的相对稳定性原则

每个人在成长过程中都会形成自己独特的个性心理特征，这种个性特征形成之后具有相对的稳定性，在没有重大外界变革的情况下，一般是不易改变的。如果在没有明显外部原因的情况下，这种个性的相对稳定出现问题，我们就要怀疑一个人的精神活动是否出现了异常。比如，一个很节俭的人突然挥金如土，或者一个待人接物很热情的人突然变得很冷淡，当我们在他的生活环境中找不到足以促使他发生如此改变的原因时，我们就可以说他的精神活动已经偏离正常轨道。例如，一位内向而又很追求完美、好胜心很强的大学生因失恋而心情不好，并因此影响了睡眠和学习效率，其认为这是“没出息”的表现，于是请求心理咨询师帮助自己早日摆脱不良情绪的困扰。请问这是哪种心理健康状态呢？

这个例子是在客观存在的“失恋”刺激下而导致的主观上的情绪紊乱。因为情绪是一切心理活动的背景，所以该案例中表现出来的工作学习效率下降是可以理解的，这体现了心理活动的协调一致性。其表现也符合内向、追求完美、好胜心强的个性特点。大学生本人对症状及其产生的原因有很好的自知和理解并主动求治。因此本例中的情绪反应是主导性症状，按“三原则”判断其应属于正常人的心理活动变化。

第二节　正常心理状态

正如前文所述，正常心理状态包括健康心理和不健康心理两种。那么，日常生活中大学生怎样判断自己是否健康呢？

一、心理健康的标准

迄今为止，关于心理健康还没有形成一个统一的标准，国内外学者认为心理健康的标准是复杂性的。1946 年，第三届国际心理卫生大会提出：“所谓心理健康是指在身体、智能以及情感上与他人的心理健康不相矛盾的范围内，将个人心境发展成最佳的状态。”会议还提出了心理健康的四个特征：第一，身体、智力、情绪十分调和；第二，适应环境，人际交往中能彼此谦让；第三，有幸福感；第四，在工作和职业中能充分发挥自己的能力，能过有效率的生活。

（一）人本主义心理学家马斯洛提出的十条标准

1. 有足够的自我安全感

安全感是人的基本需要之一，主要表现是生活中有自信心、有价值感。如果惶惶不可终日，人会很快衰老；抑郁、焦虑等不良情绪的干扰会引起消化系统功能的失调，甚至会导致身体的病变。

2. 能充分地了解自己，并对自己的能力做恰当的评估

即对自己既不过分夸耀也不过分苛责。如果勉强去做超出自己能力范围的工作，就会力不从心，给自己带来较大的压力，这对身心健康大为不利。

3. 生活理想切合实际

受社会生产发展水平与物质生活条件的限制，我们的生活不宜过分脱离现实基础，但日常生活中我们要有适度的主动性，不能为环境所左右。

4. 不脱离周围现实环境

人的精神需要是多层次的。与外界接触，一方面可以丰富自己的精神生活，另一方面可以调整自己的行为，以便更好地适应环境。我们要理智、客观地面对现实，与现实有良好的接触，面对生活中的挫折与打击，不要过度幻想。

5. 能保持人格的完整与和谐

人需有自知之明，了解自己的动机与目的，对自己的能力做客观的评定；个人的价值观能适应社会的标准，对自己的工作能集中注意力；个性中的能力、兴趣、性格与气质及各个心理特征必须和谐统一，以使自己的能力得到最大的施展。

6. 具有一定的学习能力，善于从经验中学习

现代社会知识更新快，为了适应新的形势，我们就必须不断学习新的东西，使工作得心应手，更重要的是要善于从经验中学习，少走弯路，以取得更多的成就，并根据环境的需要及时改变自己。

7. 能保持良好的人际关系

在人际关系中，有正向积极的人际关系，也有负向消极的人际关系，而人际关系的协调与否对人的心理健康有很大的影响，良好的人际关系可以让人拥有爱与被爱的能力。

8. 能适度地发泄情绪和控制情绪

人有喜、怒、哀、乐四种情绪，在不同的情绪体验中，不愉快的情绪必须释放，以求得心理上的平衡，但不能过分发泄，否则，既影响了自己的生活又加剧了人际矛盾，同样于身心健康无益。

9. 在符合集体要求的条件下，能有限度地发挥个性

个人的才能应该充分发挥出来，但不能妨碍他人利益，更不能损害集体利益，否则会引起人际纠纷、增加烦恼，这无益于身心健康。

10. 在不违背社会规范的前提下，能恰当地满足个人的基本需求

当然，人的需求必须合法化、合理化，否则将受到良心的谴责、舆论的压力乃至法律的制裁，自己也会毫无心理健康可言。

综上所言，一个心理健康的人应该是善于学习，具有正确、现实的价值观和生活目标，社交能力强，不易陷入恐惧或伤感中，对事业较投入，为人正直，富有同情心，情感生活较丰富但不逾矩，无论是独处还是在群体之中都能怡然自得。

（二）北京大学心理系教授王登峰等提出的指标

1. 了解自我，悦纳自我

心理健康的人能感受到自己的价值，既了解自己，又接受自己，具有自知之明，即对自己的能力、性格、情绪和优缺点能做出恰当、客观的评价，对自己不会提出苛刻的要求；对自己的生活目标和理想也能定得切合实际，因而对自己总是满意的，同时，努力发展自身的潜能，即使对自己无法补救的缺陷，也能安然处之。

心理不健康的人则缺乏自识之明，总是对自己不满意，由于所定的目标和理想不切实际，主观和客观的距离相差太远而总是自责、自卑；总是要求自己十全十美，而自己却又无法做得完美无缺，于是总和自己过不去，结果使自己的心理失去平衡，同时也无法感受到将要面临的心理危机。

2. 接受他人，善与人处

心理健康的人乐于与人交往，不仅能接受自我，也能接受他人、悦纳他人，能认可别人的重要作用。同时能为他人所理解，为他人和集体所接受，能与他人沟通和交往，人际关系协调和谐，能与集体融为一体，乐群性强，既能在与挚友相聚之时共欢乐，也能在独处沉思之时而无孤独之感。此外，在与人相处时，积极的态度（如同情、友善、信任、尊敬等）总是多于消极的态度（如猜疑、嫉妒、敌视等），因而在社会生活中有较强的适应能力和较充足的安全感。

一个心理不健康的人总是自别于集体，与周围环境格格不入。

3. 热爱生活，乐于工作和学习

心理健康的人珍惜和热爱生活，积极投身于生活，在生活中尽情享受人生的乐趣。他们在工作中尽可能地发挥自己的个性和聪明才智，并从工作成果中获得满足感，把工作看作是乐趣而不是负担。他们能把工作中积累的各种有用的信息、知识和技能储存起来，以解决可能遇到的新问题。他们能够克服各种困难，使自己的工作更有成效。

4. 能够面对现实、接受现实，并能够主动地去适应现实

心理健康的人对周围事物和环境能做出客观的评价，并能与现实环境保持良好的接触，既有高于现实的理想，又不会沉湎于不切实际的幻想与奢望中。他们对自己的能力有充分的信心，对生活、学习、工作中的各种困难和挑战都能妥善处理。

心理不健康的人往往以幻想代替现实，不敢面对现实，没有足够的勇气去接受现实的挑战，总是抱怨自己“生不逢时”，或者责备社会环境对自己不公，因而无法适应现实环境。

5. 能协调与控制情绪，心境良好

对于心理健康的人来说，愉快、乐观、开朗、满意等积极情绪总是占据优势的，虽然

也会有悲、忧、愁、怒等消极的情绪体验，但一般不会长久。他们能适当地表达和控制自己的情绪，喜不狂、忧不绝、胜不骄、败不馁、谦逊不卑、自尊自重，在社会交往中既不狂妄也不畏缩恐惧，对于无法得到的东西不过于贪求，争取在社会规范允许的范围内满足自己的各种需求，对于自己能得到的一切感到满意。

6. 人格和谐完整

心理健康的人，其人格结构（包括气质、能力、性格和理想、信念、动机、兴趣、人生观等方面）能平衡发展，人格在人的整体的精神面貌中能够完整、协调、和谐地表现出来。思考问题的方式是适中和合理的，待人接物能采取恰当灵活的态度，对外界刺激不会有偏颇的情绪和行为反应，能够与社会的步调合拍，也能与集体融为一体。

7. 智力正常

智力正常是人正常生活最基本的心理条件，是心理健康的重要标准，智力是人的观察力、记忆力、想象力、思考力、操作能力的综合。

8. 心理行为符合年龄特征

在人的生命发展的不同年龄阶段都有相对应的不同的心理行为表现，从而形成不同年龄独特的心理行为模式。心理健康的人应具有与同年龄段大多数人相符合的心理行为特征。如果一个人的心理行为经常严重偏离自己的年龄特征，那么就可判断这是心理不健康的表现。

（三）心理学家郭念锋提出的 10 条标准

1. 周期节律性

人的心理活动在形式和效率上都有着自己内在的节律性，比如，白天思维清晰，注意力集中，适于工作；晚上进入睡眠，以便养精蓄锐。如果一个人每到了晚上就睡不着觉，那表明他的心理活动的固有节律已被打乱。

2. 意识水平

意识水平的高低往往以注意力水平为客观指标。如果一个人不能专注于某种工作，不能专注于思考问题，思想经常开小差或者因注意力分散而出现工作上的差错，那么他就有可能存在心理健康方面的问题了。

3. 暗示性

易受暗示的人往往容易因周围环境而产生情绪的波动和思维的动摇，有时表现为意志力薄弱。他们的情绪和思维很容易随环境变化，其精神活动具有不太稳定的特点。

4. 心理活动强度

这是指对于精神刺激的抵抗能力。在强烈的精神打击面前，抵抗力弱的人往往容易患反应性精神病或癔症，而抵抗力强的人虽有反应但不会得病。

5. 心理活动耐受力

这是指人的心理对于现实生活中长期反复出现的精神刺激的抵抗能力。这种慢性刺激虽不如一次性的强大刺激剧烈，但却久久不消失，几乎每日每时都在缠绕人的心灵。

6. 心理康复能力

由于人们各自的认识能力不同，人们各自的经验不同，从一次打击中恢复过来所需要的时间也会有所不同，恢复的程度也有差别。这种从创伤刺激中恢复到往常水平的能力就是心理康复能力。

7. 心理自控力

情绪的强度、情感的表达、思维的方向和过程都是在人的自觉控制下实现的。当一个人身心十分健康时，他的心理活动会十分自如，情感的表达恰如其分，而且辞令通畅、仪态大方，既不拘谨也不放肆。

8. 自信心

一个人是否有自信心是精神健康的一种标准。自信心实质上是一种自我认知和思维的分析综合能力，这种能力可以在生活实践中逐步提高。

9. 社会交往

一个人与社会中其他人的交往，也往往标志着这个人的精神健康水平。当一个人严重地、毫无理由地与亲友断绝来往，或者变得十分冷漠时，就呈现出精神病的症状。如果过分地进行社会交往，也可能处于一种躁狂状态。

10. 环境适应能力

环境就是人的生存环境，包括工作环境、生活环境、人际关系等。我们身处的环境是不断变化的，有时还会发生很大的变化。在这种情况下，如果一个人只是逃避、忍耐，就会形成所谓的“消极适应”。在环境变化的情况下，如果个体可以很快采取各种办法去适应环境，保持心理平衡，那么这就是一种积极的适应方式。能否积极适应环境是判断个体心理是否健康的一种标准。

（四）大学生心理健康的标准

大学生心理既有青年心理的一般特征，又具有自身的特点。大学生心理健康标准是个有待进一步研究的课题，下面列出一些心理专家总结的六点基本要求供大学生参考。

①心胸宽广，能容己、容人、容事。

②热爱生活，乐观向上，相信自己，相信他人，相信未来。

③对社会发展变化反应迅速，并能积极地适应和参与。

④好学乐学，有较强的求知欲和较高的学习效率。

⑤情绪稳定，善于自我调节。

⑥有理想、有抱负，具有不怕困难和挫折的毅力。

二、正确理解和运用大学生心理健康标准应注意的问题

①“心理不健康”与“有不健康的心理和行为表现”不能等同。心理不健康是指一种持续的不良状态，偶尔出现的一些不健康的心理和行为并不等于心理不健康，更不等于已患心理疾病。因此，不能只看一时一事就武断地对自己或他人做出心理不健康的结论。

②心理健康与不健康不是泾渭分明的对立面，而是一种持续状态。从良好的心理健康状态到严重的心理疾病之间有一个广阔的过渡带。在许多情况下，异常心理与正常心理、变态心理与常态心理之间没有绝对的界限，只有程度的差异。

③心理健康的状态不是固定不变的，而是动态变化的。随着人的成长、经验的积累、环境的改变，心理健康状况也会有所改变。

④心理健康的标准是一种尺度，是从人的优秀的心理素质中总结出来的有代表性的特征，它不仅为我们提供了心理是否健康的标准，而且为我们提高心理健康水平指明了方向。

另外还应注意以下几点。

第一，我们需要时时关注自身的心理健康状况。如果不认真对待，心理健康水平就会下降，并会导致病态心理乃至心理障碍。

第二，自己目前的心理状态是正常的，但并不一定是心理健康的最佳水平。

第三，心理健康更是指一种持续的、积极的、发展的心理状态，在这种状态下主体能较好地适应社会，能充分发挥自身潜能，而不仅仅是没有心理疾病。

第四，一般而言，我们可参照上述标准检视自己的心理健康状况。严格意义上的心理健康则要求助于临床心理学家的检查与诊断，不能随意给自己和他人下结论。

三、不健康心理的分类

许多专家学者把不健康心理划分为一般心理问题和严重心理问题。

（一）一般心理问题

一般心理问题需具备以下条件。

①由于现实生活和工作压力、失误等因素而产生内心冲突，并由此体验到不良情绪（厌烦、后悔、懊恼、自责等）。

②不良情绪不间断地持续满一个月，或不良情绪间断地持续两个月以上仍不能自动化解。

③不良情绪反应基本在理智控制下，且始终能保持行为不失常态，能基本维持正常的生活、学习和社会交往，但效率有所下降。

④自始至终不良情绪的激发仅仅局限于最初事件，与最初事件相联系的其他事件不能引起此类不良情绪的产生。

一般的心理问题几乎是随时可见的。例如：今天中午老师下课拖延了 10 分钟，使得某位学生到食堂后发现平时最喜欢吃的一个菜卖完了，心里有些不舒服；某位学生晚上回到宿舍后，不知什么原因，他的一个平时脾气很好的室友对他发了一通火，于是他心里感到窝火；某人在高中时成绩一向不错，但由于高考发挥失常，所以没能进入理想的学校学习，这一直让她感到非常遗憾……

所有这些都属于心理问题，只不过问题的大小不同，持续的长短不同，给人带来的影响程度不同，造成的后果也不同。因此，在现实生活中，每个人都有或大或小、或多或少的心理问题，一点心理问题都没有的人是不存在的。只是因为不同的人所面对的心理问题的形式和处理心理问题的能力不一样，所以同样的心理问题对不同的人的影响也不一样。

（二）严重心理问题

严重心理问题必须满足如下条件。

①引起严重心理问题的原因是较为强烈的、对个体威胁较大的现实刺激，当事人体验着痛苦情绪（悔恨、冤屈、失落、恼怒、悲哀等）。

②从产生痛苦情绪开始，痛苦情绪间断或不间断的持续时间在两个月以上，半年以下。

③遭受的刺激强度越大，反应越强烈，多数情况下，个体会暂时失去理性控制，在后来的持续时间里，痛苦可以逐渐减弱，但自己却难以解脱，这对生活、工作和社会交往有一定程度的影响。

④痛苦情绪不但能被最初的刺激引起，而且与最初的刺激类似，相关的刺激也能引起此类痛苦，这就是泛化现象。

第三节　异常心理状态

异常心理状态主要涉及精神医学领域以及精神医学和心理学的交叉部分，包括各种功能性精神病、人格障碍和神经症等内容。

一、功能性精神病

常见的功能性精神病主要包括精神分裂症、情感性精神病、偏执性精神病、反应性精神病等，其中以精神分裂症最为常见。精神分裂症是以基本个性改变，思维、情感、行为的分裂，精神活动与环境的不协调为主要特征的一类最常见的精神病，其诊断标准如下。

（一）症状标准

至少有下列两项。

①反复出现的言语性幻听：评论性幻听、命令性幻听。

②明显的思维松弛、思维破裂、言语不连贯，或思维贫乏或思维内容贫乏。

③思想被插入、被撤走、被播散，思维中断，或出现强制性思维。

④被动、被控制，或被动体验。

⑤原发性妄想（包括妄想知觉、妄想心境）或其他荒谬的妄想。

⑥思维逻辑倒错、病理性思维、象征性思维，或语词新作。

⑦情感倒错，或明显的情感淡漠。

⑧紧张综合征、怪异行为，或愚蠢行为。

⑨明显的意志减退或缺乏。

（二）严重标准

自知力障碍，社会功能严重受损或无法进行有效交谈。

（三）病程标准

符合症状标准和严重标准至少已持续一个月，单纯型另有规定。

精神分裂症分为偏执型精神分裂症、青春型精神分裂症、紧张型精神分裂症、单纯型精神分裂症等八种类型，这里就不一一介绍了。

二、人格障碍

人格障碍也称人格异常、变态人格，是指明显偏离正常人格并与他人和社会相悖的一种持久和牢固的适应不良的情绪和行为反应模式。他们与别人格格不入，我们习惯称这类人“脾气古怪”。

有些人格障碍者能够处理日常事务，症状轻的人完全过着正常生活，在某些方面如学习成绩上可能还非常出色，只有与他密切接触的人才会了解他的怪癖，觉得他无事生非、难以相处，严重的事事都违抗社会习俗。

（一）人格障碍者的共同特征

①一般从儿童期就有发端，到青春期开始显著。

②都有紊乱不定的心理特点且人际关系不和谐。

③常把自己所遇到的困难归咎于命运或别人的错误，不能发现自己的缺点，也不能够加以改进。

④认为自己对别人无任何责任，例如，对不道德的行为没有罪恶感，伤害别人不觉后

悔，并对自己的所作所为能做出自以为是的辩护，总把自己的想法放在首位，不管别人的心情和心理状态。

⑤总是带有自己的猜疑、仇视和固有看法。

⑥行为常伤及别人，使得左邻右舍鸡犬不宁，而自己却泰然自若。

⑦对自己的行为没有自知力，对怪癖和不良行为不会有不安的心理。

（二）人格障碍的类型

人格障碍有多种类型，大学生中常见的有偏执型、分裂型、依赖型、焦虑型、表演型等。

1. 偏执型人格障碍

偏执型人格障碍的主要特点是猜疑和固执。这类人常见的表现是广泛猜疑，常常将他人无意的、非恶意的、甚至是善意的言行误解为歧视或敌意，或者是在没有足够根据的情况下，总是怀疑自己会被人利用或受到别人的伤害，因此，经常保持一种过分的警惕和防卫意识与行为。在日常生活中，他们过分自负，总觉得自己的观点和道理是正确的，即所谓的“认死理”。即便遇到挫折或失败，也认为是别人的错误，且不会去原谅他人的失误。而且由于太固执，思考问题的方法与现实脱节，不能与现实相容，这直接影响到他的人际交往。

2. 分裂型人格障碍

分裂型人格障碍以观念、行为和外貌装饰的奇特、情感冷漠及人际关系明显缺陷为特点。男性略多于女性。常见的表现有性格明显内向，与家庭和社会疏远，基本不主动与他人交往，缺少知心朋友，过分沉溺于幻想和内省；表情呆板，情感冷淡，甚至不通人情。比如，出现撞车事故后，现场伤员流了很多血，大家都很着急，忙着安慰伤者、找车、打120，可他却问：“今天晚上咱们在哪吃饭呢？”还有，他们对赞扬和批评不敏感或无动于衷；缺乏愉快感；等等。在数学家、哲学家、艺术家中，这类人比较多，如毕加索。

3. 依赖型人格障碍

依赖型人格障碍以过分依赖为特征，主要表现为要求或让他人为自己生活的重要方面承担责任；将自己的需要附属于所依赖的人，过分地服从他人的意志；不愿对所依赖的人提出即使是合理的要求；感到无助，或缺乏精力；沉湎于被遗忘的恐惧中，不断要求别人对此提出保证，独处时感到很难受；当与他人的亲密关系结束时，有被毁灭和无助的体验；经常把责任推给别人，以应对逆境。

当一个人身上出现上述表现的三项时，即可以诊断其为依赖型人格障碍者。

4. 焦虑型人格障碍

焦虑型人格障碍以感到紧张、提心吊胆、缺乏安全感及自卑为特征。焦虑型人格障碍者至少具有以下三种表现：一贯的自我敏感、不安全感和自卑感；对批评过分敏感；希望被人接受和喜欢；除非被他人所接受和保证其不会受到批评，否则拒绝与他人建立人际关系；惯于夸大生活中潜在的危险因素，甚至达到回避某种活动的程度，但无恐惧性回避；因“稳定”和“安全”的需要，生活方式受到限制。

5. 表演型人格障碍

表演型人格障碍又称戏剧型人格障碍，其主要特点是过分情绪化以吸引他人注意，有时候为了达到受重视和被关注的目的，经常说谎，但说谎的水平却不高。女性多于男性。在日常生活中这类人的主要表现如下。第一，追求新奇，爱幻想，以自我为中心，喜欢别人注意自己。情绪外露且夸张，无论干什么事都要得到外界的赞扬、承认，否则就会感到难受。第二，易受暗示性。别人并没有说他 / 她，他 / 她就以为是在说他 / 她，就开始调整自己的心理活动。第三，情感丰富但不稳定，好感情用事。第四，行为夸大，富有表演色彩。

尽管这些特点在正常人身上也会有所表现，如爱新奇、爱自我表现、热情高等，但是他们所表现出来的程度是适度的，对自己和社会都是有益的，或者至少也是对自己及周围的人无害的；而具有表演型人格障碍的人上述特点明显异常，一般人难以接受，因而影响了他们的人际关系。这种人格的形成与受教育程度和阅历有关，随着受教育程度的提高、社会阅历的增加，这类人格可以逐渐完善起来。

三、神经症

神经症又称神经官能症，是一类心理障碍的总称，主要表现为恐怖、广泛性焦虑、惊恐发作、强迫、抑郁、疑病、癔症和神经衰弱等症状。

（一）共同特点

①病因与精神应激或心理社会因素有关。

②无任何可证实的器质性病因。

③病人对自己的病有相当的自知力，一般均能主动求治。

④患者病前多有一定的素质与人格基础。

⑤无精神病症状。

（二）神经症的类型

1. 恐怖性神经症

恐怖性神经症或称恐惧症，是以恐怖症状为主要临床表现的神经症。病人在某种特定的处境或与人交往时而发生强烈恐惧，并主动采取回避方式来消除这种焦虑不安。其特征如下：第一，患者对某种场合存在的客体发生强烈恐惧，恐惧的程度与实际危险不相称；第二，发作时有焦虑和自主神经症状；第三，有反复或持续的回避行为，或带着畏惧去忍受；第四，明知恐惧过分、不合理、不必要，但无法控制。

恐惧症分为单纯性恐惧症、广场恐惧症、社交恐惧症。单纯性恐惧症是恐惧症中最常见的一种类型，在儿童期常见。例如，成人对动物的恐惧常来自童年时代，可表现为对某种特定的物体或某种处境恐惧。广场恐惧不仅指对空旷场所的恐惧，而且指在人群聚集的地方担心不容易很快离去或无法求援而产生的焦虑，这些地方包括公共汽车站、火车站、商场、影剧院和任何不能迅速离开的地方。因此，这类患者喜欢待在家里，不愿去公共场所。社交恐惧主要指在社交场所感到害羞、局促不安、尴尬等，怕成为人们耻笑的对象。因此，这类患者不敢在公共场所讲话、书写或吃饭。常见的有赤面恐惧，有的病人害怕看别人的眼睛，怕和别人对视，这被称为对视恐惧。

2. 焦虑性神经症

焦虑性神经症又称焦虑症，以焦虑、紧张、恐惧的情绪障碍为主，伴有自主神经系统症状和运动不安等症状，分为广泛性焦虑症和惊恐发作。

广泛性焦虑症的特征：以持续的原发性焦虑症状为主，经常或持续性无明确对象和固定内容的恐惧或提心吊胆，伴自主神经症状或运动性不安，其主要表现如下。

①客观上并不存在某种威胁和坏的结局，患者总是担心、紧张和害怕。尽管知道这是一种主观的多虑，但患者不能控制，这使其颇为苦恼。此外，常伴有易激惹、对声音过敏、注意力不集中、记忆力差等症状，由于焦虑常伴有运动性不安，如来回踏步、不能静坐。

②躯体症状以自主神经功能活动过度为主，如口干、上腹不适、恶心、吞咽困难、胀气、肠鸣、腹泻、呼吸困难、心悸、胸痛、尿频尿急、出汗、面色潮红等症状。

③运动症状与肌肉紧张有关，如紧张性头痛、肌肉紧张、手轻微震颤等症状。另外，还伴有不安宁、易疲乏、睡眠障碍症状，常表现为不易入睡，入睡后易醒，常做噩梦，夜惊，醒后很恐惧，等等。

惊恐发作又称急性焦虑症。发作时常有明显的自主神经症状，如心悸、心慌、呼吸困难、胸闷、胸痛、四肢麻木等。因此患者会惊恐万分，有时害怕自己完全失去控制而精神失常，因而大声呼救。发作时长短则1~20分钟，长可达数小时。有时发作后可能卧床不起，数日后恢复。有的人一生中只发作数次，有的可以反复发作。

3. 强迫性神经症

强迫性神经症是一种以强迫观念和强迫动作为特征的神经症，其特点如下。

①有意识的自我强迫和反强迫并存，二者强烈冲突使患者感到焦虑和痛苦。

②患者意识到这种强迫观念、意向和动作是不必要的、没有意义，试图抵抗，但不能奏效。

③患者可仅有强迫观念或强迫动作，或既有强迫观念又有强迫动作，强迫动作是为了减轻焦虑不安而做出的准仪式性活动。

④患者有较好的自知力，求医心切。

强迫观念分为强迫性怀疑、强迫性回忆、强迫性穷思竭虑、强迫性对立。强迫性怀疑指对业已完成的事仍然放心不下，如门已锁好，但仍怀疑是否锁好；信已投出，但仍怀疑是否贴了邮票。总是疑虑不安，并反复检查才能放心。强迫性回忆指对于往事、经历反复回忆，明知缺乏实际意义、没有必要，但仍不断回萦于脑海之中，无法摆脱。强迫性穷思竭虑指对于一些缺乏实际意义的问题，如对于大自然的现象、日常生活中常见的事实也无休止地加以思索。强迫性对立指患者脑中总是出现一些对立的思想，如当看到“快乐”二字时，则出现反义词“悲伤”。

强迫动作分为强迫意向、强迫性洗涤、强迫计数、强迫性仪式动作。强迫意向指患者在做某事时出现相反的意愿。例如，一外科医生双手已消毒、准备上手术台时，则出现要去厕所的想法，且无法克制，但决不采取行动，因此常回避手术，以免引起恐惧和焦虑不安。强迫性洗涤指患者接触了某物，则要反复洗手，明知手已洗干净，且无须再洗，但无法控制，并可发展为洗衣服及洗澡，否则心情会不好。强迫计数指患者不可克制地计数，其与强迫性联想有关，如见到电线杆，则要计数，不计数则感到烦躁，且难以克制。强迫性仪式动作指患者总要做一定动作，如一患者进门时先进二步、再退一步，这表示他父亲能逢凶化吉，如未完成这些动作则必须重复，患者明知这是毫无意义的，但不做此动作则焦虑不安。

4. 抑郁性神经症

抑郁性神经症指抑郁症，是一种常见的心境障碍，可由各种原因引起，以显著而持久的心境低落为主要临床特征，且心境低落与其处境不相称，严重者可出现自杀念头和行为。多数患者有反复发作的倾向，每次发作大多数可以缓解，部分可有残留症状或转为慢性病。

按照中国精神障碍分类与诊断标准第三版，根据对社会功能损害的程度，抑郁症可分为轻度抑郁症和重症抑郁症；根据有无幻觉、妄想，或紧张综合征等精神病性症状，抑郁症又分为无精神病性症状的抑郁症和有精神病性症状的抑郁症；根据之前（间隔至少两个月）是否有抑郁病史，抑郁症又分为首发抑郁症和复发性抑郁症。

抑郁症的临床表现：情绪低落、思维迟缓、意志活动减退。另外一些患者会以躯体症状表现为主，具体可表现为显著而持久的抑郁悲观，且与现实环境不相称。程度较轻的患者无愉快感，凡事缺乏兴趣，心里有压抑感；程度重的可悲观绝望，有度日如年之感，患者常感到心里难受。更年期和老年抑郁症患者可伴有烦躁不安、心神不宁、浑身燥热、潮红多汗等症状，而儿童和少年可以表现为易激惹（如不耐烦、为一点小事发怒）。典型的抑郁症还具有晨重夜轻的特点，即低落情绪在早晨较为严重，而傍晚时可有所减轻。

患者本人可能会反应迟钝，或者记忆力减退，学习或者工作能力下降或者犹豫不决，缺乏动力，什么也不想干，以往可以胜任的工作现在却无法应付；患者不仅自我评价降低，有时还会将所有的过错归咎于自己，常产生无用感、无希望感、无助感和无价值感，甚至开始自责自罪，严重时可出现罪恶妄想（反复纠结于自己一些小的过失，认为自己犯了大错，即将受到惩罚），反复出现消极观念或者行为。

很多患者会伴有食欲下降或者亢奋、体重减轻或者增加（例如，一个月内体重变化超过5%）等症状，还有失眠或睡眠过多的症状，女性患者会出现月经紊乱的情况。

值得注意的是，由于中国文化的特点，一些患者的情感症状可能并不明显，突出的会表现为各种身体的不适，以消化道症状为主，如食欲减退、腹胀、便秘等，还会有头痛、胸闷等症状，患者常常会纠缠于某一躯体主诉，并容易产生疑病观念，进而发展为罪恶妄想症，但内科检查却发现没有大的问题，相应的治疗效果也不明显。

CCMD-3抑郁发作诊断标准：抑郁发作以心境低落为主，与其处境不相称，可以从闷闷不乐发展到悲痛欲绝。严重者可出现幻觉、妄想等精神病性症状。

症状标准：以心境低落为主，并至少包括下列四项。

①兴趣丧失、无愉快感。

②精力减退或疲乏感。

③精神运动性迟滞或激越。

④自我评价过低、自责，或有内疚感。

⑤联想困难或自觉思考能力下降。

⑥反复出现自杀的念头或有自杀、自伤行为。

⑦睡眠障碍，如失眠、早醒，或睡眠过多。

⑧食欲降低或体重明显减轻。

⑨性欲减退。

严重标准：社会功能受损，给本人造成痛苦或不良后果。

病程标准：符合症状标准和严重标准至少已持续两周；可存在某些分裂性症状，但不符合分裂症的诊断标准；若同时符合分裂症的症状标准，在分裂症状缓解后，满足抑郁发作标准至少两周。

排除标准：排除器质性精神障碍或精神活性物质和非成瘾物质所致的抑郁。

5. 疑病性神经症

疑病性神经症是一种以担心或相信患严重躯体疾病的持久性优势观念为主的神经症，患者由于这种症状反复就医，各种医学检查和医生的解释均不能打消其疑虑。即使患者有时存在某种躯体障碍，也不能解释所诉症状的性质、程度。

6. 癔症

癔症是一种以解离症状（无法识别自我身份，部分或完全丧失过去的记忆）和转换症状（在遭遇无法解决的问题和冲突时产生的不快心情，以转化成躯体症状的方式出现）为主的精神障碍。癔症患者多具有易受暗示性、喜夸张、感情用事和高度自我中心等性格特点，常由于精神因素或不良暗示而发病。

7. 神经衰弱

很多人都听说过神经衰弱这种疾病。有的人睡眠不好就怀疑自己患了神经衰弱；有的人记忆力差就怀疑自己患了神经衰弱；也有的人由于精力不足而怀疑自己患了神经衰弱……那么究竟什么是神经衰弱呢？神经衰弱是一种神经症性障碍，主要表现为精神容易兴奋、大脑容易疲劳、情绪烦躁、入睡困难。有的病人还出现头痛、头昏、眼花、耳鸣、心悸、气短、阳痿、早泄或月经紊乱等症状。一般来说，神经衰弱病人在患病前多有持久的情绪紧张和精神压力，如学生担心考试成绩不好，夫妻、婆媳关系紧张，个人生活环境、生活规律剧变等，都可能诱发神经衰弱。

神经衰弱的具体症状如下。

①脑力不足、精神倦怠：患者经常感到精力不足、萎靡不振、不能用脑或大脑迟钝、不能集中注意力、记忆力减退、工作效率减退。

②对内外刺激敏感：日常的工作和生活中，读书看报、观看电视等活动往往可作为一种娱乐放松活动，但这些活动非但不能使患者放松精神、消除疲劳，反而会使其精神兴奋，不由自主地浮想联翩。往事会浮现在他们脑海中，患者虽然眼睛在看电视，脑子却在“放电影”。尤其是睡觉以前本应该静下心来，病人却不由自主地回忆、联想往事，这使其精神兴奋、无法入睡，他们为此感到十分苦恼。此外还有的病人对周围的声音、光线特别敏感，对其强弱的变化“斤斤计较”。

③情绪波动、易烦易怒、缺乏忍耐性：由于抑制力减弱，遇到刺激容易发怒，缺乏耐心和必要的等待，表现为易烦多忧，易喜善怒。

④紧张性疼痛：通常由紧张情绪引起，以紧张性头痛为主。患者感到头重、头胀、头部紧压感，或颈项僵硬，有的还表现为腰背、四肢肌肉痛。这种疼痛的程度与劳累无明显关系，即使休息也无法缓解。疼痛的表现也往往很复杂，可以表现为持续性疼痛或间歇性疼痛，有的病人还表现为钝痛或刺痛。总的来说，神经衰弱病人的紧张性疼痛的表现形式多样，这与情绪紧张密切相关。

⑤失眠、多梦：一般来说，人的一生中有三分之一左右的时间是在睡眠中度过的。睡眠时，大脑皮层的皮质下部处于广泛的抑制状态，由脑干中特定的中枢进行调节，使大脑进行内部的重组、整顿和恢复。而失眠、多梦常由精神紧张、思虑过度、苦恼忧虑、心事重重、想入非非等引起。经常失眠的人，其大脑得不到充分的休息，这会严重影响学习和工作，会使生活品质下降。

第三章　大学生常见心理适应问题探究

本章将具体介绍大学生中常见的心理适应问题。由于一般心理问题和严重心理问题同属心理适应的问题，主要是程度上的区别，所以在这里不做具体区分。

第一节　新生适应不良

大学是人生的一个重要转折时期。一些新生却出现了适应不良的问题。适应是自我与环境和谐统一的一种良好生存状态，是心理健康的一个最基本标志。许多大学生都经历了从不适应到适应的过程，只有适应大学生活的各个阶段，才能采取切实的行动转变自己，才能使自己不断进步和成长。

一、新生适应的常见问题类型

（一）理想与现实的心理冲突

每个人都有自己的理想，这个理想是彩色的、崇高的、神圣的。对于大学生这个群体而言更是如此。然而，当他们真正置身于大学之后却发现现实与理想之间有一定的差距，大学生面临着较重的学业负担和较大的就业压力，校园文化中的一些现象使一些学生心理难以平衡，产生了孤独感、寂寞感与强烈的不适应感。

（二）角色定位产生的心理偏差

大学生在中小学时期一直是班上的尖子，深受老师喜爱和同学羡慕。时间长了，一些学生形成了一种不切实际的自信。同时，由于应试教育只注重学习，忽视其他方面的培养。而进入大学后，衡量人的标准变得多样化了，唯有学习好并不一定得到大家的认可；再者，大家都是中学里的佼佼者，很多学生学习上的优势也将丧失。因此，一些学生由自信转向自卑，苦恼缠身，表现出抑郁、焦虑甚至逆反的不良情绪反应。

（三）学习适应不良的心理困扰

学习适应不良是大学生产生心理问题的根源。一些大学生没有深刻认识到大学学习与中学学习的不同，把中学时期的学习方法应用到大学学习中，结果成绩不理想，甚至出现挂科等情况。中学时，教师讲课都是紧扣教材，逐字逐句进行讲解，下课之后还有辅导，因此，一些学生的学习依赖性强。大学教师讲课风格有了很大不同，所讲的内容并不局限于教材，方式也多种多样。另外，大学课堂只要求学生掌握所讲内容中的一部分，很多内容要求学生自学。对此，一些学生一时难以适应，因此产生了紧张、焦虑、失眠等情绪困扰。

（四）对专业不满意的困扰

在填报高考志愿时部分学生对所报学校、专业了解不够，或者由于种种原因不得不服从调剂，于是在部分大学生中出现了对所录取的学校或所学专业不满意的现象。有的学生能够既来之则安之，接受现实，并努力学习；有的学生则对学校无法接受或对本专业毫无兴趣，心灰意冷，无法安心学习，甚至产生强烈的抵触情绪和精神痛苦。对学校或专业不满意的问题较严重地困扰着部分大学新生的心理。

（五）人际关系不适应产生的心理挫折

大学的人际关系和高中阶段的人际关系有了明显的不同。大学中的人际关系是一种类似成人的人际关系模式，这种关系模式要求大学生必须和周围人保持一种和谐的关系，因为它是每个人生存和发展的必要条件。但一些大学生由于不愿交往、不敢交往或不会交往而产生了孤独、寂寞、害羞、恐惧、拘束等情绪，进而在交往过程中出现了沟通不足、关系失调、人际冲突等问题。

（六）自立要求与自理能力的矛盾

一些大学生第一次离开家并进入到一个全新的环境，一时难以应对诸如水土不服、饮食不习惯、集体生活不适应等问题，难以承受理想中的大学环境和现实中的大学环境之间的反差，这使他们产生了孤独、苦闷、烦恼、忧愁等不良心理反应。

（七）课余时间安排不合理的困扰

在中学，课程表总是被安排得满满的，难得有一点儿空闲。到了大学，大学生有了许多可供自己支配的时间。面对课余时间，一些大学生无所事事，以睡懒觉、打牌、打网络游戏等不健康的生活方式来打发时间。

二、新生适应问题产生的心理原因

（一）艾里克森的心理社会发展八阶段论

大学生处于人生发展的青春期。大学生在这一时期适应和发展的主要任务是确立一个正确的自我概念，即能够独立地做决定，并能够承担起社会责任，能够与别人建立亲密的关系，或在其中获得想要的认同。艾里克森认为，发展亲密感、建立良好的社会关系对于个人能否进入社会具有重要的意义。

（二）社会心理学角色理论

社会心理学角色理论是关于人的态度与行为怎样为其在社会中的角色、地位及社会角色期望所影响的理论。社会角色理论认为，每个人在社会关系系统中都具有一定的角色和地位，周围人也总要按照社会角色的一般模式对他的态度、行为提出种种合乎身份的要求并对其寄予期望，这叫作“角色期望”。一个人的态度、行为如果偏离了角色期望，就可能引起周围人的反对。在这种情况下，人们就会通过观察或依据别人对自己的表情、态度等来认识自我，即把别人对自己的态度当作镜子来认识自己的形象，从而形成“自我概念”。人会按照别人的期望不断调节自己的选择，这叫作“角色采择”。每个人都处在一定的社会关系和环境中，周围人都会根据人们的职位、个性、家庭等不断地提出一定的“角色期望”，而每个人都会通过“角色采择”塑造自己的自我形象，并不断向这个方向靠近。如果“角色采择”的自我形象和“角色期望”中的一样，这个人就能和谐地发展，如果不一致，这个人就可能出现一定的不适应，进而出现心理失衡等问题。

第二节　人际关系不良

人际关系从一个侧面反映了一个人的心理健康和心理适应状况。建立和谐的人际关系对于在校以及即将走上工作岗位的大学生来说，具有十分重要的意义。美国哈佛大学的有关调查显示，事业能否获得成功的 85% 的原因在于是否有良好的人际关系，15% 取决于个人是否有良好的技术、能力和经验。因此，和谐的人际关系犹如空气之于人、水之于鱼一般重要。

一、人际关系简介

通常所说的人际关系是指人与人之间由于直接交往所带来的情感联系，是人与人之间的心理上的关系和心理上的距离。人际关系包含认知、情感和行为三个相互联系又相互制约的要素，其中以感情相悦和价值观相似为核心。

感情相悦是指你喜欢别人的同时别人也喜欢你。两情相悦、互相接纳可减少人际间的摩擦与冲突，使人际交往形成良性循环。反之，你喜欢别人而别人不喜欢你，或者别人喜欢你而你不喜欢别人，或者你与别人格格不入，那么你们就交往不起来，这在大学生人际交往中也是很普遍的现象。

价值观相似是指能吸引自己的人必须是在价值观、态度、信念等方面与自己相似的人。越相似，意见越一致，就越能达成共识，彼此之间就越喜欢。

感情相悦和价值观相似是人际吸引的两大心理机制，其功能的差异是前者作用于交往的前期，后者常作用于后期理想的人际关系是两个机制同时发生作用，既感情相悦又价值观相似。

二、大学生宿舍人际关系

大学宿舍关系是社会人际关系的缩影，是大学生思想、行为及情感的晴雨表。宿舍人际关系是大学生在校期间与室友们在宿舍里互动中形成的心理关系。能否处理好宿舍人际关系是衡量大学生人际能力大小、心理素质高低及为人处世是否得体的一把标尺。大学生与室友间的接触与交往比与其他任何人的时间都长。因此，与室友的关系融洽与否直接决定了一天的大多数时间里心情是否愉快。宿舍人际关系不良会使宿舍成员感到孤独。“踏着铃声进出课堂，宿舍里面不声不响，互联网上倾诉衷肠”，这是一些大学生的生活写照。有的同学说：“到了大学后，总觉得每个人脸上都蒙着面纱，谁也猜不透别人在想什么，也不敢轻易在别人面前袒露自己，甚至在寝室也要隐藏自己，感到很孤独。”

大学是一个全新环境，不像中学时的人际关系那么简单，有些学生已不再轻易打开心灵大门，因此有些人感到同学之间人情冷漠，宿舍内同样如此。

不良宿舍人际关系会严重影响身心健康，好的宿舍人际关系会使大学生身心健康发展。宿舍是大学生的“第一社会、第二家庭、第三课堂”。它是一个小型社会，是大学生的新家，又是一个无形的课堂，教给我们书本中没有但对身心健康至关重要的知识。

良好的宿舍人际关系对大学生身心健康的作用如下。

（一）稳定情绪、弥补情感缺失

一些新生由于人际关系的变换而感到不安和孤独。他们和同住一宿舍的人最先熟悉起来，宿舍成员之间的友谊不断加深，这逐渐弥补了他们对亲人、中学伙伴的思念之情，稳定了他们的情绪。

（二）锻炼意志、培养良好的习惯

同住一个寝室的舍友的一言一行会潜移默化地影响和改变自己的看法，在大学住宿期间养成的乐于助人、生活简朴的良好习惯将使你终身受益。

（三）对成长起导向作用

宿舍的文化氛围在无形中引导着寝室成员的目标追求和实践内容。如果整个寝室有着积极向上的好氛围，那么它将会促进寝室成员的成长，帮助大学生获得成功和幸福的体验。

三、和谐人际关系的绊脚石

（一）自我认知偏差对人际关系的影响

自我认知是指人们对自己的认识或评价。一些大学生对自我的认知存在两种偏差：一是过高评价自己，妄自尊大，孤芳自赏；二是自我评价过低，妄自菲薄，忽视自我存在的价值。对自我的这两种不正确的认识都会影响人际关系。前者过分相信自己的聪明才智从而恃才傲物，对不如自己的人不屑一顾、恶语相向，或者对别人漠然置之，不屑与人交往。长此以往，人们只会避而远之，这样的人虽处于人群中却倍感孤独。后者自我贬低，看不到自我存在的价值，与人交往时畏畏缩缩、倍加小心，总是看别人的眼色行事，总觉得自己低人一截，缺乏自信心。有些同学在公开场合不敢发言，生怕自己说错。这种自我的贬低也必然影响同学间的正常交往。

（二）不良情绪失控对人际关系的影响

情绪是指人对客观事物态度的体验，包括喜、怒、哀、惧四种。情绪对人有直接作用，其影响程度有时甚至超过理智。有些学生在产生不良情绪后，既不会恰当地表达，又不能适当调控，而是过分地压抑，长此以往，负性情绪越积越深，到一定时候就像火山一样爆发出来，伤人害己。不良情绪的压抑不但会给自己带来心身疾患，而且会严重破坏人际关系，给交往带来恶劣的后果。

（三）语言表达不当对人际关系的影响

在人际交往中，经常使用的最基本的手段是语言，无论是陈述思想观点，还是表达情感和愿望，都离不开语言这一工具。人际中的用语之道，首先在于出言吐语能使对方体验到尊重与平等，否则兴趣立即就会消失殆尽。其次，语言表达要讲究艺术。有些同学说话加枪带棒，或者出语尖酸刻薄，或者冷嘲热讽。这样的表达方式常会引起别人的反感，有时还会引起争执甚至导致不良后果的产生。

（四）不良的个性特征对人际关系的影响

个性在心理学中又被称为人格，是指在一个人身上经常地、稳定地表现出来的不同于他人的心理特点的总和，也是一个人的基本面貌，是一个人的兴趣、爱好、气质、能力等的集中体现。交往中，一个热情、诚实、正直、友好的人，大家易于接受他并与之交往；

相反，一个虚伪、自私、口是心非、无中生有的人，大家就会躲避他、疏远他。

四、大学生常见的人际困扰

（一）理想模式带来的失落

如果一个人以友谊的理想模式为标准来衡量生活中的人际关系，就会导致高期待值与高挫折感并存。进入高校之后，许多大学生都有强烈的人际交往的欲望，但又常常感到人际交往很困难，原因是一些大学生对人际交往的追求往往带有较浓的理想主义色彩，把友谊的标准作为人际交往的原则，一旦发现对方有某些缺点就深感失望，甚至产生挫折感。一些大学生经常津津乐道于过去的事情，而对于现实生活中的人际交往却表现出强烈的不满。

（二）缺乏信任与理解

有的学生在人际交往中缺少必要的信任与理解，人际交往不够深入；一些大学生存在逆反心态，缺乏合作精神，甚至视同学为敌手；有的同学自高自大，瞧不起别人；有的同学集体意识淡薄，对周围的一切漠不关心；有的同学缺乏必要的宽容精神，甚至会为一些鸡毛蒜皮的小事大打出手。

（三）缺乏人际交往的基本技能

这类同学一般都渴望交往，但由于交往方法欠妥、交往能力有限、个性缺陷或交往心理障碍等原因，在交往过程中既不了解自己，也不了解别人，导致交往失败。长期的交往失败使得一些人把交往看成是一种负担，渐渐地变得自我封闭。

一个人在成长的过程中必须要在与同龄人的交往中学习人际交往的基本技能，而不要以为长大了就会自然而然知道为人处世的道理。所以我们应该让孩子多接触社会生活、多参加集体活动、多与不同的人相处，使他们在多场景、多层次的交际活动中建立深刻的感觉，积累丰富的经验，了解人际互动的基本规律和原则，在失败中总结经验，在成功中树立信心，慢慢地成长为一个社会人，拥有良好的人际关系。

五、人际困扰产生的原因

造成大学生人际困扰的原因有很多，其中大学生的一些不良个性心理特征、利益冲突、信息差异、情绪对立、报复冲突是引发交往危机的主要原因。

（一）不良个性心理特征

引发交往危机的不良个性心理特征主要有以下几种。

1. 自我封闭

表现为不愿与他人交往，喜欢独来独往，不合群。由于不善于主动与他人交往，因此感到孤独，自我心理压力较大，生活态度不乐观。

2. 自我否定

表现为比较自卑，由于在学习、社交、经济、家庭、相貌等方面不如别人，因此有强烈的失落感。遇事总往坏处想，对自己没有信心或过于自负，对同学和老师的话过于敏感。

3. 自我欣赏

表现为不易与他人相处，但自我感觉良好，在各种场合都希望自己是中心。由于较为关注自己、对他人的感受不在意、不尊重别人、自我定位偏高，所以容易引起他人反感。由于一直是家庭、学校和社会的宠儿，走进大学后依然被关注，因此造成了心理上的优越感，肯定自己，否定他人。在交往方式、态度上的尺度把握不好，故对他人的伤害要大于自己。

（二）利益冲突

利益冲突指在争取自身最大利益的过程中同他人产生的冲突。例如，评选优秀班干部，你和另一位同学条件都差不多，可是名额只有一个，此时就容易产生人际矛盾。

（三）信息差异

由于人的经历、知识、经验、态度和价值观是不同的，人们对同一事物往往会有不同的认识、理解和评价，因此就容易造成人际冲突。例如，大学生宿舍中常因争论某一个问题而造成人际冲突。

（四）情绪对立

人们的情绪处于对立状态时，很容易产生人际冲突。例如，大学生因违反校规校纪而受到批评时就会产生对立情绪。

（五）报复冲突

报复是人际冲突产生的主要根源之一。俗话说的“以眼还眼，以牙还牙”就是指人们对于别人的侵害行为往往采取同样的形式进行回报，给对方一个教训。例如，大学生 A 让大学生 B 在同学面前丢了面子，B 就会想办法让 A 也丢一回面子。

第三节 情绪困扰

“我为什么不快乐？”有的大学生这样问。事实上这是因为我们的生活充满着各种情绪，或欣喜若狂，或焦躁不安，或满腔怒火，或悲痛欲绝，或轻松愉快。而这些独特的情绪也使我们的生活变得五彩缤纷。

一、情绪的相关概念

（一）情绪的含义

人非草木，孰能无情？我们在大学这个“复杂”的环境中会不断地经历荣辱得失、逆境和顺境。而与此同时我们就会感到高兴、喜悦、气愤、憎恶、悲伤或者忧虑。对这种外界事物态度的体验便是人的情绪和情感。社交情绪是人际交往中个体的一种主观体验，是个体的社会需要是否获得满足的反映。人的社会需要获得满足时就会产生积极的情绪体验，否则就会引起消极的情绪体验。

（二）情绪的特点

情绪具有两极性。两极性首先表现为肯定和否定的对立性质。如满意和不满意、愉快和悲伤、爱和憎等。而每两种相反的情绪中间又存在着许多程度上的差别，具体表现为情绪的多样化形式。

两种情绪虽然处于明显的两极对立状态，但其仍可以在同一事件中同时或相继出现。例如，儿子在保家卫国的战争中牺牲了，父母既体验着英雄为国捐躯的荣誉感，又深切感受着失去亲人的悲伤。同样，对于人来说，同一种情绪也可能同时具有积极和消极两种作用。例如，恐惧会使人紧张，抑制人的行动，减弱人的正常思维能力，但同时也可能激发人的潜力，促使人战胜困难。

积极和消极的情绪就是情绪两极性的典型表现。积极、愉快的情绪使人充满信心、努力工作；消极的情绪如悲伤、郁闷等则会降低人的行为效率。

紧张和轻松也是情绪两极性的一种表现。紧张总是在一定的环境和情景下发生，如发生紧急和重要的情况时，人们就极易产生紧张情绪。当然，紧张的产生也取决于人的心理状态，如脑力活动的紧张性、注意力的集中程度、活动的准备状态等。通常情况下，紧张能对人活动的积极状态产生显著的影响。它引起人的应激活动，产生对活动有利的一面。但过度的紧张则可能使人产生厌恶、抑制心理，并导致行为的瓦解和精神的疲惫甚至崩溃。

情绪的两极性还可以表现为激动和平静。爆发式的激动情绪强烈而短暂，如狂喜、绝望等。而平静的情绪状态在人们的日常生活中占据着主导地位，人们在这种状态下从事着持续的智力活动。

作为情绪两极性的一种表现方式，情绪的强弱变化也异常明显。它经常呈现出从弱到强，或者由强到弱的变化状态，如从微弱的不安到强烈的激动，从平静到狂喜，从隐忍到暴怒，从担心到恐惧，等等。情绪变化的强度越大，自我受情绪影响的趋向就越大。

（三）情绪和情感

情绪和情感是有着紧密联系的两个概念，它们曾经被统称为感情。不过人类的感情是非常复杂的，既包括了感情发生的过程，也包括了由此产生的种种体验，于是我们将情绪和情感区分开来。

一般认为，情绪是情感反映的过程，即我们的个体需要与情境相互作用的过程，也就是大脑的神经机制活动的过程，它可以用于人类，也可以用于动物。情感则常被用来描述具有稳定的社会意义的感情，如对祖国的热爱、对美好事物的欣赏。所以，情感代表的是感情的内容，即感情的体验和感受；情绪代表的是感情的反映过程。而与情绪相比，情感具有更大的稳定性、深刻性和持久性。

二、大学生主要的情绪困扰

（一）焦虑

焦虑是一种很常见的情绪状态。当我们预感到一些可怕的、可能会造成危险或需要付出努力的事物和情境将要来临，而又感到对此无法采取有效的措施加以预防和解决时，我们的心理上就会产生紧张的期待情绪，这便是焦虑。它可以表现为不明原因的忧虑和不安、无法放松、警觉、但又无能为力。

大学生常见的焦虑有自我形象的焦虑、学习焦虑、情感焦虑和社交焦虑四种。自我形象焦虑主要是担心自己外表不够好看、没有吸引力、体型过胖或者矮小等。当然也有因为某事物影响了自我形象而引起的焦虑，比如，脸上长青春痘。学习焦虑主要以考试焦虑最为突出，反应也最为强烈。情感焦虑主要是由恋爱受挫引发的自我焦虑，认为自己没有爱人和被爱的能力。

社交焦虑是与人交往的时候觉得不舒服、不自然、紧张甚至恐惧的一种情绪体验。据美国心理学家研究，社交焦虑是仅次于抑郁和酗酒之外的第三大危害人类心理健康的问题。对于严重的社交焦虑患者来说，日常的各种活动，如走路、购物、打电话都是很大的挑战。他们不仅与“权威人士”交往困难，与普通人交往也有障碍。

社交焦虑是一种消极的情绪体验，其形成比较复杂。成长过程中经常受挫折、缺少社会支持、自我意识感强、自卑、模仿与暗示都可能强化这种情绪。处于这种状态的个体，与他人交往时往往伴随有生理上的症状，如出汗、脸红、心慌等。他们不仅在现实情境中体验焦虑情绪，而且在离开使他焦虑的社会情境后，还会在头脑中不断分析和回放焦虑情境，使社交焦虑情绪获得强化。有些人为了回避导致社交焦虑的情境，减少了社会活动，选择了孤独的生活方式。

我们可以通过以下几个问题来检测自己是否患有社交焦虑症。

①你会因为害怕在别人面前害羞或不好意思而不和他人说话或不愿意做某些事情吗?

②你不愿意成为别人注意的焦点，对吗?

③你害怕别人觉得你愚笨或担心看起来很害羞吗?

如果以上三点中有其中两点的情形的话，那么你就有可能是患了社交焦虑症；如果这些情形已经让这个人想躲在家里，不愿意和任何陌生人接触，这个人就需要接受心理治疗了。

（二）自卑

自卑是自我情绪体验的一种，主要是由于某种生理或心理上的缺陷或其他原因产生的对自我认识的态度体验，常常表现为对自己的能力或品质评价过低、轻视自己、担心自己不被他人尊重。

人无完人，而所有人都会对自己的不足或多或少地感到遗憾，总会产生一些自卑感，这是很正常的。而且这些自卑感往往能成为我们前进的动力。但如果人们过分夸大自卑感，深陷其中无法自拔，人们便会产生痛苦和孤独感，减弱对理想的追求。原本能成功的事情也会因为自卑而成为泡影。

（三）抑郁

抑郁是一种持续时间较长的低落、消沉的情绪体验，常常伴随着苦闷、不满、烦恼等情绪。外部的表现可以为长时间的郁郁寡欢，对什么事都提不起兴趣，对生活缺乏热情，甚至自我封闭。

每个人都可能会产生抑郁情绪，只是持续时间上有所不同。偶尔的、暂时的抑郁是很正常的，但是长时间处于抑郁中，可能会发展为抑郁症。抑郁往往伴随着一些心理表征，比如，睡眠不良，食欲不振，对身体的主观体验不良，甚至丧失自信。

（四）嫉妒

嫉妒指与他人比较后发现自己在才能、名誉、地位或境遇等方面不如别人而产生的一种由羞愧、愤怒、怨恨等组成的复杂情绪体验。它是人类普遍存在的一种社交情绪，现实生活中嫉妒一旦产生便不容易摆脱，它可能会持续影响个体的思想、情感和行为。嫉妒的形式多样，通常以正义感（如对贪官）、恶作剧（如闹洞房）或愤怒的形式表达，而且其结果往往损人利己或损人不利己。嫉妒情绪的特点包括以下几种。

①具有针对性。嫉妒总是针对具体的个体或群体。如果个体体会到自己与他人在某些重要方面（如才能、吸引力）存在现实的或未来可能出现劣势，个体就可能产生嫉妒情绪。

②具有持续性。嫉妒情绪一旦产生就不容易摆脱。它能持续影响个体的思想、情感和行为。

③具有对抗性。嫉妒者心胸狭隘，希望别人朝坏的方向发展。如果别人成功，他们就会不满和愤恨，并可能用极端的手段来破坏或伤害他人。

④具有普遍性。嫉妒是人类普遍存在的社交情绪。人在现实生活中或多或少会体验到这种情绪。当然这种情绪也是可以克服的。

人们并不是在任何时候都会产生嫉妒心理的，它的产生需要具备以下条件：当综合条件与自己相当或不如自己的人居于高位时；当自己厌恶的人居于高位时。此外，同性别之间的嫉妒远远超过异性之间。

嫉妒可能促人进步、向上，也可能导致双方感情破裂，甚至生理疾病，对己、对人、对家庭、对社会都有影响。

（五）内疚

个体认为自己对实际的或想象的罪行或过失负有责任，从而产生的强烈的不安、羞愧和负罪的情绪体验。内疚者往往在良心上和道德上进行自我谴责，并试图做出努力来弥补自己的过失。

健康的内疚感是心灵的“报警器”，是人类良心的情绪“内核”，会提醒我们照顾他人的利益和感受、调整人际关系，有利于个体适应社会生活。过少或过多的内疚感则不利于个体发展，内疚感过多的时候，它就会成为心灵的“毒药”，使个体长期处于压抑、紧张和痛苦之中，不利于身心健康。

三、情绪困扰产生的原因

大学生情绪困扰产生的原因多种多样。

（一）生理因素对情绪的影响

躯体发生病变时常会影响个体的情绪；且人体内部的生物节奏也会影响人的情绪。有些研究者认为，人的体力、情绪和智力都呈现一种周期性的盛衰节律，它们的周期分别为23天、28天和33天，并有如下表现。

①当三者均处于高峰期时，人就处于身心比较好的状态，精力充沛、生机勃勃、乐观豁达，而且头脑清晰、思维敏捷。

②当三者均处于低谷期时，人的各种机能的效率就会降低，同时体力和智力的不佳也

会加重已有的情绪低落状态。

③当三者处于临界状态时，这种状态则是一个极不稳定的过渡期，肌体协调性差，易出现差错，情绪也容易波动。

（二）个人性格差异对情绪的影响

这方面也有着先天的遗传因素。遗传因素对情绪的影响主要表现在人的神经类型上。不同神经类型的人在情绪体验上存在较大差异。苏联生理学家巴甫洛夫根据神经类型的基本特征，即兴奋和抑制过程的强度、灵活性和平衡性，把人的气质分为以下四种基本类型。

1. 不可遏制型

这种类型的人兴奋和抑制过程都很强，而且兴奋相对抑制过程要更强些。这类人性格比较外向，好斗、脾气暴躁、精神负担重。

2. 活泼型

这种类型的人神经活动的兴奋和抑制过程较为平衡，虽然易兴奋，但有很大的灵活性，在面临各种应激情境时具有很强的自我调节能力。

3. 安静型

这种类型的人神经活动很难从一种状态转移到另一种状态，具有较强的忍耐力，能够宽容别人，有时也表现得有些压抑，但有很强的自我调节能力。

4. 抑郁型

这种类型的人情绪压抑、情感脆弱，经不起挫折和打击，容易产生异常情绪。

不同性格的学生对同一类问题的认知也不一样。例如，在竞选班干部落选时，有的人痛苦、失望、烦躁、易怒，有的人却心态平静；同样是考试得了60分，有的学生十分满意、高兴，有的则伤心不已。片面的认知方式和错误的观念是大学生产生焦虑、抑郁、自卑、恐惧、痛苦等不良情绪的根本原因。

（三）容易受周边环境的影响

这里的周边环境包括以下几个方面。

1. 社会因素

随着大学的扩招，社会就业市场竞争日益激烈，对人才要求高、就业难的问题增加了大学生的心理压力和焦虑感。

2. 学校因素

填鸭式的授课模式限制了大学生创造性思维的发展和人格的完善，不利于其认知水平的提高和心理的成熟。

（四）学业问题和人际关系对情绪的影响

个人前途问题、生活琐事、情感受挫、生活压力及身体不适都在一定程度上导致了不良情绪的产生。比如，某学生因辩论赛与学习的冲突产生不良情绪，某同学因减肥产生不良情绪，看到身边的人越来越好而产生自卑情绪，等等。另外，近 80% 的同学表示他们的情绪很容易或比较容易受到周边环境的影响。

四、情绪困扰的危害

情绪困扰如若不加以重视将对个人的发展产生很大的影响。

（一）对身体健康有一定的影响

长期焦虑、悲观、紧张、对人敌视、严重猜疑的人患下列疾病的概率比其他人高出一倍，如气喘、头痛、十二指肠溃疡、高血压和心脏病等。长期处于消极情绪中的人还容易患癌症。

（二）对自己的学习不利

长时间情绪不佳的同学总是把精力消耗在不必要的事情上。例如：上课时总是想一些无关紧要的小事，并为此感到很焦虑；明明是自己不遵守纪律，还认为是老师和自己过不去，对人充满敌意；别人在一起小声说话，他 / 她就怀疑这是在说他 / 她的坏话；等等。如果某个同学整日处于这种状态中，那么其是很难把学习成绩提上去的。

（三）对人际关系不利

人在发怒时对事物会产生厌烦情绪，对人对事“没好气”，而在暴怒时则更要寻找发泄对象，迁怒于他人或器物。如果某人经常处于不良情绪中，那么他人必然对其避之不及。

（四）对自己所在的集体不利

不能控制自己的不良情绪的人不但会使自身利益受到影响，还会对集体的利益产生不利的影响。一些同学表示不良情绪对自己的日常生活产生了或大或小的影响，因此我们需要加以重视。

第四节　职业生涯规划

一、职业生涯规划的含义

“职业”一词比较好理解，而“生涯”一词大家可能比较陌生，从字面上看，“生”原义为活着，“涯”为边际，生涯连起来是一生的意思。但这是一个舶来词，由来已久。生涯的含义是道路，即人生的发展道路，既指个人一生的发展过程，也指个人一生中所扮演的角色。

那么，什么是职业生涯规划呢？职业生涯规划是指通过对职业生涯的主客观因素分析、总结和测定，确定一个人的奋斗目标，并为实现这一目标而预先进行生涯系统安排的过程。

二、进行职业生涯规划的原因

哈佛商学院曾经做过一项抽样调查，问学生“十年后希望成为什么样的人？”100%的人选择成为一个拥有财富、取得成就和具有影响力的人。但是，他们中只有10%的人写下目标并做了规划。10年后，调查小组追踪发现，那10%为自己定下目标、做好规划的人所拥有的财富是全部受访者所拥有的财富的96%。

也许有人会说：“实际上，不断变化是我们唯一能预知的趋势。”“这个世界变化得太快了，计划未来简直是痴人说梦。”

既然世界变化无常，那么我们为什么还要做规划呢？这两句话是视外来事件为主宰力量，虽然我们不能完全地控制这个世界，但我们并未失去控制的能力。当我们注意“变化”的连续轨迹时，我们就能提高这种控制的能力。说得大一点，有的职业会因社会或时代的变迁而消失，说得小一点，有些人可能因一些事件而失业。一个优秀的冲浪者永远能把握最佳的角度与时机，在浪花里呈现出最优美的平衡姿势，虽然波涛的翻腾是千变万化的。我们不能因为世界变化快而放弃自己的主动规划。有人说，不做职业生涯规划，也可能获得事业成功。是的，但是做了职业生涯规划，我们的事业就会获得更好的发展，我们就会取得更大的成就。其作用具体如下。

第一，有助于引导大学生积极进行人生价值的思考，如人为什么活着。

第二，有助于引导大学生树立正确的职业观，了解自我、明确方向，并为之努力奋斗。

第三，有助于引导大学生完善自我、积极竞争。

三、生涯规划的阶段

从国外职业规划的经验和对职业发展的研究可以知道，职业兴趣培养和职业生涯教育是一个长期的实践过程。依据美国生涯理论专家萨帕的研究，一个人的生涯发展阶段包括成长阶段、探索阶段、建立阶段、维持阶段与衰退阶段。

第一，成长阶段（4~14 岁）：树立自我形象，形成对工作的正确态度，并了解工作的意义。具体可分为三个时期。

幻想期（4~10 岁）：“需要”占统治地位，在幻想中扮演自己喜爱的角色。

兴趣期（11~12 岁）：“喜好”成为职业期望和活动的主要决定因素。

能力期（13~14 岁）：开始更多考虑自己的能力以及工作要求。

第二，探索阶段（15~24 岁）：使职业偏好逐渐具体化、特定化并明确职业偏好。具体可分为三个时期。

试探期（15~17 岁）：考虑需要、兴趣、能力及机会，做暂时的决定，并在幻想、讨论、课业及工作中加以尝试。

过渡期（18~21 岁）：进入就业市场或进行专业训练，更注重现实，并力图实现自我设想，将一般性的选择转为特定的选择。

承诺期（22~24 岁）：初步确定生涯规划并试验其成为长期职业的可能性，若不适合则可能再经历上述各时期以确定方向。

第三，建立阶段（25~44 岁）：经过上一阶段的尝试后，不合适者会做出改变或进行其他探索，因此该阶段较能确定在整个职业生涯中属于自己的“位子”。这个阶段发展的任务是统整、稳固并求上进。

第四，维持阶段（45~65 岁）：个体仍希望继续维持属于他的工作“位子”，同时会面对新的人员的挑战。这一阶段发展的任务是维持既有地位。

第五，衰退阶段（65 岁以上）：由于生理及心理机能日渐衰退，个体不得不面对现实，从积极参与转向隐退。这一阶段往往注重发展新的角色，寻求不同方式以替代和满足需求。

一些专家指出，父母应在孩子很小的时候给孩子做性格测试，看他适合从事什么职业，从小就对其进行职业生涯教育，学校应丰富教育形式，注重学生社会工作经验的积累，定期邀请社会上各种职业的人士到学校介绍各自的工作，还应定期组织一系列的模拟实践活动。

常言道：“种瓜得瓜，种豆得豆。”一个人希望未来获得什么收获，就要通过对自己的职业生涯进行精心设计与规划来实现个人预定的目标。正确设定自己的人生目标、运用科学的方法、采取有效的行动来化解人生发展中的危机，使事业发展获得成功，扮演好自己的社会角色，实现自己的人生理想。

在大学校园里，大学生入学后就应该做好大学生涯规划，并按照自己所做的规划合理安排学习和生活，这样才能使自己顺利、有意义地度过自己的大学生涯，并为自己将来的职业选择做好充分的准备。

四、职业生涯规划的环节

职业生涯规划一般分为四个环节。

（一）审视自我

有效的职业生涯设计必须是在充分且正确地认识自身条件与相关环境的基础上进行的。对自我及环境的了解越透彻，越能做好职业生涯规划。

（二）确立目标

有效的设计需要切实可行的目标，以便排除不必要的干扰，全身心地致力于目标的实现。如果没有切实可行的目标作为驱动力，人们是很容易向现实妥协的。

（三）生涯策略

有效的设计需要有切实可行的生涯策略，这些具体且可行性较强的行动方案会帮助你一步一步走向成功，实现目标。

（四）生涯评估

除了有效的设计外，我们还要不断地反省并修正目标，即评估策略或方案是否恰当，以适应不断变化的环境，同时评估结果可以作为下轮生涯设计的参考依据。

五、大学生在职业规划中存在的困扰

第一，不能正确认识自己，容易产生自傲、自卑、保守和攀比等心理困扰。

第二，不能正确认识社会，容易产生紧张、焦虑、抑郁等心理困扰。

第三，缺乏积极的职业生涯规划意识，容易产生依赖、从众和“临时抱佛脚”等不良心理。

第四，缺乏基本的职业常识，不能正确对待职业选择和职业流动。

第五节　网络成瘾综合征

目前，在大学校园里有一部分学生存在着这样的情况：不能控制自己的上网时间，晚上通宵上网打游戏、看影视剧、网络小说等，甚至达到白天逃课也要上网的程度，这影响到了自己的健康成长、学习和生活以及人际关系，更有的学生因此而被退学，失去了读大学的资格。网络成瘾已成为大学生中一种较为常见的心理问题。

一、网络成瘾综合征及其诊断标准

“网瘾”即“网络成瘾综合征”，是一种新形式的心理疾病。国外学者将其定义为“强迫性的过度使用网络和剥夺上网行为之后出现的焦躁和情绪行为”。最早提出“网络成瘾”概念的是美国心理医生依凡·金伯格，这一提法迅速引起了美国临床心理学家的广泛关注。网络成瘾的患者通常会没有理由、无节制地花费大量时间和精力在互联网上聊天、浏览网页和玩游戏，以致影响生活质量、降低工作效率、损害身体健康，并在生活中出现心理障碍、人格障碍。

根据《网络成瘾诊断标准》，网络成瘾的症状表现如下。

第一，对网络的使用有强烈的渴求或冲动感。

第二，减少或停止上网时会出现周身不适、烦躁、易激惹、注意力不集中、睡眠障碍等间断反应，上述间断反应可通过使用其他类似的电子媒介，如电视、掌上游戏机等来缓解。

第三，下述五条内至少符合一条。

①为获得满足感而不断增加使用网络的时间并不断加大投入的力度。

②使用网络的开始、结束及持续时间难以控制，经多次努力后均未成功。

③执意使用网络而不顾其明显的危害性后果，即使知道网络使用的危害仍难以停止。

④因使用网络而减少或放弃了其他娱乐或社交活动。

⑤将使用网络作为一种逃避问题或缓解不良情绪的途径。

网络成瘾的病程标准为平均每日连续上网达到或超过 6 个小时，且症状已达到或超过 3 个月。

二、大学生网络成瘾的原因

（一）精神分析学理论

网络性心理障碍的起因应归结为被压抑在潜意识中的本能欲望没有得到释放的结果。根据弗洛伊德精神分析学理论，人的心理活动分为潜意识、前意识和意识三部分。潜意识是指行为主体察觉不到的、不能自觉调控的意识；前意识是指可以回想起的、重新唤醒的意识；意识是指能够察觉到并能自觉调节、控制的意识。以此为基础的人格结构由“本我”“自我”“超我”三部分组成。“本我”是个人最原始、最本能的冲动，依照“快乐原则”行事；“自我”是个人在与环境接触中由本我衍生而得的，它依照“现实原则”行事，并调节本我的冲动；“超我”是道德化的自我，依照“道德原则”行事，是良知与负疚感形成的基础。本我、自我、超我之间的矛盾冲突及协调构成了一个人的人格基础。部分大学生在追求快乐、刺激的同时，不能控制“本我”，越陷越深，最终导致了恶果的发生：痴迷游戏、学业退步。

（二）人格缺陷

网络给传统人际关系带来的冲击是史无前例的。由于一些家庭缺乏对大学生社会交际能力的培养，一些大学生养成了孤僻的性格。部分大学生有某种程度上的人格缺陷，如意志薄弱、优柔寡断、好依赖他人、过分焦虑紧张、缺乏自制力等。此外，一些大学生往往难以应对生活中的各种挑战，希望在互联网上寻找精神寄托，从而减少现实生活中人际交往方面的压力。网络虽然可以让一些人在一定程度上宣泄被压抑的情绪，获得一定程度的心理治疗效果，让大学生尝试虚拟的新角色，起到“角色扮演”的作用，但“上网时间长了，我连怎么用嘴说话都忘了”。这是一个因痴迷网络而退学的大学生的自白。

三、大学生网络成瘾的危害

（一）腐蚀灵魂

色情和暴力文化对人们的心理冲击是非常大的。一些暴力游戏、色情图片等不健康的内容会使青年大学生过分放纵自我，使其法律及道德观念日益淡薄，人生观、价值观变得扭曲，甚至使其迷失方向。美国的调查资料显示，色情和暴力场面致使美国社会暴力犯罪不断上升，使人们的安全感和道德意识大大降低。一些学生长期迷恋网络游戏，沉迷于网聊、网恋之中，伦理道德意识丧失。

（二）荒废学业

学生本应以学知识为主，然而有的学生迷上游戏和聊天后便不能集中精力听课，不能按时完成作业，或者干脆不上课，不做作业，这使其学习成绩下滑，学业无法顺利完成。某学生因长时间泡在网吧而导致期末考试时，4 门功课加起来总分还不到 100 分。近年来，媒体报道了一些学生因上网成瘾而导致学习成绩下降、退学，甚至犯罪的事件。有一则报道说华东理工大学 23 名退学、试读和留级的学生中，有 80% 是因为迷恋网络而导致成绩下降的。《湖南日报》曾报道过关于某大学学生迷恋网络荒废学业被退学的事例，文中说 120 名退学学生中，85% 以上的学生是因为过度沉溺于网络，导致学分不够而被退学的。

（三）激化矛盾

有的学生把网络当作现实世界，在网上谈情说爱，有的因此争风吃醋，继而引发一些事端。我们从新闻媒体上可以看到一些因网恋而被骗的事例。有的学生为了能上网，不惜用掉自己的学费、生活费，到处借钱，导致“经济危机”。有的学生为了能上网，丧失了人格和自尊，欺骗父母。有的甚至铤而走险，走上违纪违法的道路。

（四）疏远情感

网络对青年大学生的人际交往产生了巨大影响。网络突破了交往的时空限制，互联网信息中心的一份调查显示，青年大学生上网聊天占了他们上网时间的 90% 以上。人们上网的时间越长，他们在现实中与人打交道的机会就会越少，“人—机—人”的交流取代了“人—人”面对面的交往方式，人际情感是需要人与人的社会交往来维持的。网上交流时人们的音容笑貌以数字化方式在屏幕上传播，缺乏现实情感的真实体验，必然导致个体对现实情感的疏远，使亲朋好友的感情变得淡化。如果长时间与电脑打交道便减少了与外界接触的机会，这样便会对网络产生无形的眷恋和过多的依赖。一些人在网上是社交高手，网下却是孤家寡人。这导致了人际情感的逐渐萎缩，同时也使人与人之间产生了信任危机。

（五）影响健康

有研究证明，长时间上网会使大脑中一种叫多巴胺的化学物质水平升高，这种类似于肾上腺素的物质短时间内会使人高度兴奋但时间长了会使人变得颓废、消沉。有一份调查资料显示：长时间无节制地上网会导致青光眼、肺病变、中枢神经失调，它使人情绪低落、睡眠障碍、生物钟紊乱、食欲下降、体重减轻、精力不足、自我评价降低、思维迟缓、不愿意参加社会活动、不愿与人交往、性格孤僻，最终会导致神经衰弱，使人患上严重的精神疾病。

对于网络成瘾不是无能为力，我们可以通过人际沟通技能训练、控制上网时间、改变认知等方法来与网瘾进行斗争。

第六节　情感困惑

爱情到底是什么？爱情是世界上最复杂的情感现象之一。几乎在所有的文化中，最美丽的故事和传说都是有关爱情的。在 20 世纪 70 年代以前，爱情往往成为文学描绘的主题，而极少作为科学的研究对象。那么，爱情到底是什么呢？

一、爱情的实质与特点

关于爱情的定义，我们一般是这样描述的：爱情是一对男女之间建立在性需要的基础上的一种强烈的内心情感体验，是基于一定的社会关系和共同的生活理想，在各自内心中形成的对对方的最真挚的倾慕，并渴望对方成为自己终身伴侣的最强烈的感情；是两颗心灵相互向往、吸引、达到精神升华的产物；是人类特有的一种高尚的精神生活。

在现实生活中我们常常可以看到，沉浸在爱河中的人们有很不同的表现：有的天长地久，有的稍纵即逝；有的平静似水，有的激情澎湃；有的亲密无间，有的若即若离。无论这种表现有多么大的差异，但它们总是有一些共同的特点，并且作为爱情实质的内容也都蕴涵其中。那么，心理学中所谈到的爱情的实质到底是什么呢？

（一）性生理和心理的成熟是产生爱情的基础

从爱情的定义中我们可以看出，性本能和性的需要是爱情的基础和前提，没有性生理的成熟，就没有性的欲望和需要，再亲近的关系也不能称为爱情；即便一个人的性生理已经发育成熟，但如果其性心理仍未成熟的话，也无法发展出真正的爱情。因此，幼儿园里的孩子中是不存在爱情的，但七八十岁的老年人却一定会有爱情的需要和愿望以及一定的能力。爱情发展到一定程度后必须会有性的接触和活动，当前在一些杂志上流行的所谓的“无性的爱情”和“无性的婚姻”是不可能存在的，“柏拉图式的爱情”也并不是真正意义上的爱情。爱情的最终目的是建立和维持稳定的两性关系，并通过这种关系去进一步加深彼此之间的爱慕和关爱。

正因为爱情的这种性基础，我们的爱情才不可避免地带上了某种生物属性。也正是因为爱情的这种生物属性，爱情才具有了占有性和排他性的特点。

（二）爱情的特点

1. 相异性

爱情一般是在异性之间产生的，狭义的爱情专指异性恋，不含同性恋。

2. 成熟性

爱情是在个体身心发展到相对成熟阶段时产生的情感体验，幼儿没有爱情体验。

3. 高级性

爱情是一种高级情感，不是低级情绪。

4. 生理性

爱情有生理基础，包括性爱因素，不是纯粹的精神上的依恋。

5. 利他性

爱情的基本倾向是奉献。我们可以通过“是否发自内心，帮助所爱的人做其期待的所有事情”这个指标来衡量一个人对异性有无爱情，以及爱情的强度如何。

6. 排他性

恩格斯说：“性爱按其本性来说就是排他的。”爱情要求双方在感情上和性关系上都忠贞不渝，不与任何第三者分享。爱情所包含的特有的感情和义务只能存在于爱恋者两人之间，同时爱情的排他性并不意味着对他人的排斥和漠不关心，他只是在两性结合的意义上排除对他人的爱。因此，恋爱的任何一方与他人包括异性建立友谊都是正当和正常的。

（三）爱情的社会性本质

制约人的各种社会性因素在人们选择爱情对象时也起到了不同程度的制约作用。白马王子和灰姑娘的故事只能在童话中发生，而在现实社会中，灰姑娘一旦进入了能和王子相交往的社会层次，她也就不再是“灰姑娘”了，而变成了上流社会中的一分子。人们在选择恋爱对象时的“门当户对”观念就是社会性本质的典型写照。所以说，爱情是生理性、情感性和社会性的内在统一，但是社会性才是爱情的本质属性。

社会属性在爱情中主要表现为一种相爱双方相互之间的承诺和责任。从某种程度上讲，这种承诺和责任是爱情得以巩固和持久的决定因素。

二、爱情的形式

斯坦伯格认为，爱情是由亲密（彼此喜欢、理解与期待）、激情（魅力与性吸引）以及承诺（决定发展稳定的关系）三因素组成的三角形。

哈特菲尔德等人认为爱情主要有激情爱和伙伴爱两种。激情爱是个体希望和对方融为一体的强烈的情感状态，处于激情爱的人春风沉醉、心无旁骛，不能忍受爱人的冷落和背叛。伙伴爱是与自己生活在一起的伴侣的一种深刻的卷入感，彼此理解、尊重、互相依赖，像亲人一样，比起激情爱容易动荡的特点来说，伙伴爱更稳定一些。一般来说，恋爱的初期激情爱的成分多一些，随着彼此关系的稳定，特别是结婚以后，双方的情感会转变成伙伴爱。

三、大学生恋爱中的常见心理效应

（一）光环心理

有个成语叫“月朗星稀”，也就是说在月亮非常明亮的夜空中，星星显得比较稀少。但事实上，星星恐怕并没有减少，只不过是因为月亮太明亮了，而把星星的亮光给掩盖住了。恋爱中的人很容易被爱情美好的光环所笼罩，因此看不到恋人身上的缺点和不足，即所谓“情人眼里出西施”。当然，出现这种情况的原因也并不完全是光环心理的作用，也可能是因为相爱的双方刻意掩饰自己的一些不足，但是起主要作用的还是这种心理效应。

（二）逆反心理

恋爱中最常见的逆反心理在心理学中被称为“罗密欧与朱丽叶效应”，即越遭到父母反对的爱情和家庭各种阻挠的爱情，就表现得越坚决和紧密，越要坚决地去获得。除此以外，有的同学对周围众多的追求者不屑一顾，反而把感情投向冷落自己的人；还有一些正在恋爱的大学生，一方为了获得另一方的欢心而不断去讨好和取悦对方，最终却导致了相反的效果，反而使对方的态度开始冷落，这也是逆反心理的一种表现。

（三）自卑心理

一些同学在恋爱中总是觉得自己的条件不好，如部分女同学认为自己的容貌不够漂亮、身材不够苗条，部分男同学觉得自己身材不够高大、表达能力欠缺，还有一些同学认为自己学习成绩、个人修养、家庭条件、社会地位等方面比较差，从而产生自卑心理。

（四）浪漫心理

在令人陶醉的爱情世界里，每个女生都在寻找自己理想的伴侣。而理想伴侣模式的建立，又大多来自情窦初开的少女时代。对甜蜜爱情的向往，文学小说中编织过的色彩斑斓的梦幻在潜移默化中成就了对未来那个他的理想模式。然而，正如“金无足赤，人无完人”一样，理想的择偶方式、浪漫的爱情和现实总有一定的差距。在爱情选择中我们不能过于求全、过于理想。

事实上，根据我们的调查结果，无论男生还是女生在选择爱人时更多看重的是个人的内涵与优良品质，一些先天性的因素并不占据主导地位，而个人的内涵与优良的品质修养却是可以不断学习、发展和提高的。更重要的是，尽管每个人都有自己的不足，但也必定有强的一面，一个成熟的人应该学会正确地认识自我、评价自我和接纳自我，并且在此基础上不断地弥补自己的不足，更好地发展自己和提高自己。

四、大学生恋爱中常见的心理误区

（一）好感与爱情

好感与爱情是大学生在开始谈恋爱时经常分不清楚的两个概念。青年人在性发育成熟后，便会被异性所吸引，对异性产生好感，这种好感有时也像爱情一样能够给人带来快乐、愉悦、兴奋的感受，但好感并不同于爱情。原因如下。

第一，好感可以同时对几个人产生，具有广泛性的特点，而爱情则只是针对一个特定的对象，具有排他性的特点。

第二，好感可能只需要看到对方在某些方面甚至某个方面使自己感到快乐的地方就可以产生，但爱情却是双方在价值观、人生信念等方面的综合及汇集性的需要形成的一种情感。

第三，好感属于情绪性的反应，持续时间一般比较短，而爱情则是在长时间的相互了解中发展起来的一种稳定的、持久的情感。

好感在一定程度上可以作为爱情的前提和基础，有的同学就是在对异性朋友有好感的基础上更加深入地接触和了解对方，并最终发展成爱情的。

（二）友谊与爱情

友谊是同学、同事、朋友之间在相互了解和依赖的基础上形成的一种亲密、平等、真挚友好的情谊关系。而爱情是建立在性吸引和性欲望的基础上的一种情感。作为友谊，无论是同性之间的还是异性之间的，不管两人之间的关系发展到多么亲密的程度，彼此之间也不会有相互拥有对方身体的愿望，当然也就没有要对方满足自己性欲的需要。

在现实生活中，我们能够看到这样一些情况，一个处在恋爱甚至是婚姻中的人同时拥有一个异性知己，而且与这位知己交谈的深度甚至超过了与恋人或爱人所能够交流的深度，有些同学就是因为出现了这样一种情况而感到迷茫不解的。这种情况的出现说明了相爱双方的不够和谐与完美，如果恋人或爱人之间能够做到完全的相知相容、互为依存的话，就不会有这样一种与异性知己的心理距离小于爱人的现象发生。

（三）虚荣与爱情

虚荣心是指一些人试图通过追求名誉、荣耀等表面的光彩来满足自己自尊需要的一种心理。虚荣心之所以存在，是因为人们在某些时候对自尊的需要得不到满足，只能用一些外在的荣耀去代替，所以说虚荣心是每个人都有的一种心理状态，只不过每个人所表现的方面与程度不同。从某种程度上说，虚荣心具有一定的保护自己自尊的功能，但是虚荣心太重却是有害无益的。在现实生活中，有的人通过穿着华丽的衣服来满足自己的虚荣心，有的人用“一掷千金”的爽快来满足自己的虚荣心，也有的人用彬彬有礼、努力构造出来的“风度翩翩”来满足自己的虚荣心，还有的人是通过找一个漂亮或有钱、有地位的爱人来满足自己的虚荣心。生活中也确实有大学生在选择恋人的过程中先是去获得虚荣心的满足，而不是为了寻求真正的爱情，因此他们没有得到自己向往的爱情。

在大学生选择恋人的过程中都会不同程度地带有虚荣的因素，但随着思想和心理的成熟，大部分同学都会放弃虚假的、表面的一些条件，放弃从虚荣的角度去选择恋人。建立在虚荣心基础上的爱情是不牢固和虚伪的。

（四）恋爱中的情感纠葛

情感纠葛是指在恋爱过程中因某些主客观原因引起的、欲爱不能、欲罢不忍的一种强烈的内心矛盾和情感冲突。例如，相爱双方之间的持久的分分合合的纠葛冲突：两人之间存在一些感情基础，但又在一些重要问题上不能取得共识，导致既不舍得分手，在一起却又总有矛盾的一种尴尬局面。在恋爱过程中，无论是哪种情感纠葛，它们都会使当事人受到严重的打击和困扰，进而影响了他们正常的学习和生活。

（五）部分大学生对爱情的非理性观念

爱情是很多同学在大学期间所思考和实践的重要人生课题，但我们在实际工作中发现，一部分大学生对爱情存在着一些非理性的观念。在这里，我们只是把这些观念罗列出来，以供大家思考。

①爱不需要理由。

②爱情是至高无上的。

③爱情能够改变对方。

④爱情享受和需要的是过程而不是结果。

⑤爱情不在天长地久，只在曾经拥有。

⑥爱情可以靠努力争取到，只要付出必定有回报。

⑦因为相爱而发生的性行为无可非议。

⑧没有爱情的大学生活是失败的。

⑨失恋是人生重大的失败。

第七节　学习困扰

从表面上看，大学生进入大学学习阶段以后，因为没有升学压力和学习自由度提高等方面的影响，由学习而带来的心理压力应该比高中阶段有所降低。但实际上，一方面由于大学阶段学习任务的难度、高度、深度和数量增加，另一方面由于大学阶段进入专业学习阶段，客观上要求每个学生从学习策略和学习方法等各方面都需要有一种转型和改变，加之大学阶段对大学生综合素质和学习能力的要求较高以及考试、考研、就业等竞争压力较大，大学阶段的学习压力实质上不降反增。由于这些特殊的学习压力，大学生可能出现一些心理问题，如厌学、对所学专业不感兴趣、考试焦虑、学习竞争带来的心理压力、学习动机问题、学习定位困惑、学习无能感的体验、自卑等。

一、学习的含义

在大学阶段，学习仍是大学生的主要任务。与中学阶段不同，大学学习有着很强的目的性、自主性与选择性，它不单纯是为了学习而学习，而是为了兴趣而学习，为了未来而学习，为了成长而学习。更重要的是，大学时期是每位学子记忆力、动作反应速度黄金时期。学习不仅是大学生未来事业的基础，更是其成长的关键。

（一）传统的学习观

从出生的那天起我们就开始了学习，并在成长过程中学习着各种各样的知识和经验。最初我们从家人那里识别不同的光线、颜色、声音，然后开始学习说话、走路。后来我们进入幼儿园、小学、中学及大学，进行我们一般意义上的学习，即传统的学习观所认为的学习。

传统的学习观认为学习就是在一定的情境中，在教师有目的、有计划、有组织的系统指导下，接受教育并获得一定结果的实践活动。我们在回顾自己的成长过程时发现在进入幼儿园之前的几年中，我们在家长的指导下已经学会了很多的东西，因此这种传统的学习观所确定的学习已经不准确了，由此产生了现代的学习观。

（二）现代的学习观

现代学习观是人类教育水平进步的产物，是多种教育科学技术发展的成果。现代学习观在对传统学习观念认同、继承的基础上，突出以下理念。

1. 学习是人们自觉主动的行为

现代学习观强调学习是人们的一种主动的行为，是学习主体的自身需要。学习不是教育者对被教育者进行的一种强制性行为，而是学习者本身在自身高级心理需要的驱使下主动的、自觉的、积极的行为。

2. 学习是学习者社会化的全部过程

在《学习的革命》一书中，作者指出："我们所看、所听、所尝、所接触、所嗅、所做均为学习。因此，在现代的学习观中，人在完成自身的社会化过程中，从外部世界获得一切信息的过程都是学习。"

3. 学习是学习者一生的需要和活动

在现代学习观看来，终身学习不再是一个口号和想法，它已经成为人们为了适应社会发展的生存需要。有人说，现代社会是一个知识爆炸的社会，也是一个信息爆炸的社会，大学中的很多专业知识都在不断更新之中。甚至有些专业的学生在刚刚结束大学的学习后，就会发现本专业所学的知识已经过时，为此他们不得不再次在工作中学习，以使自己在职场中站稳脚跟。

4. 学习不仅包括接受和掌握，也表现为感悟、体验、发现和探索

传统的学习强调学习者利用语言和文字去系统地掌握社会和个体的经验，而现代的学习则认为在获得这些知识和经验的过程中，学习者所获得的感悟、体验，以及在此基础上的发现和探索都是学习。

5. 学习的内容不仅包括知识和技能，还包括能力和人格

传统意义上的学习只把教师传授的和以升学考试为目的的有关知识和技能作为学习的内容。现代学习观所倡导的大学生的学习内容包括三个层面。

（1）知识的学习

知识的学习包括自然科学知识和人文科学知识的学习，主要通过书籍、网络等各种实物载体获得。

（2）能力的学习

能力的学习包括智力技能、动作技能和社会行为技能，如学习能力、交往能力、生活能力、审美能力和创新能力等，这些能力需要通过不断地模仿、训练来得到提高。

（3）人格的学习

人格的学习又称情感态度学习、人文精神学习，这种学习渗透于知识学习系统、能力学习系统之中，也渗透在日常活动中，是在现实生活中通过不断体验、感受和自我调整与整合而实现的。

二、学习中常见的心理问题

（一）理想目标问题

上高中时，高考就是前方那一盏明亮的灯，同学们你追我赶地向着这一目标奔跑，虽身心疲惫但目标十分明确，生活虽紧张但却充实。进入大学之后，一些学生在生活中失去了目标和动力，他们在大学生活中反倒显得失落和茫然。这种后无动力、前无目标的情况导致一些大一新生缺乏生活目标、得过且过，学习上提不起兴趣。主要表现为学习不主动，课前不认真预习，课后不及时复习；情绪消极，做事拖拖拉拉，敷衍了事；注意力分散，上课不认真听讲；学习态度不端正，经常迟到，甚至逃课。伴随而来的是学习效率降低，考试成绩下降。

（二）专业学习问题

部分大学生由于填报专业志愿的盲目和失误及招生录取调配志愿等方面的原因，对自己在进入大学以后所学的专业不感兴趣，或由于相应的专业学习能力欠缺，在完成专业学习任务时备感艰难，从而丧失了学习兴趣。这种情况甚至在少数大学生身上有十分严重和极端的表现。这些丧失专业学习兴趣的学生中有一部分可以通过自己的努力调整和适应性的改变，渡过各种专业学习和考试的难关，使成绩达到合格，并顺利毕业。而另一部分学生则没有这么幸运，他们由于普遍缺乏应对这类问题的良好心态、心理准备、应对策略、切实有效的方法、克服困难的良好意志和改变现状的实际行动，往往在丧失了专业学习兴趣以后出现各种消极茫然的心态和退缩性的表现，如逃课、睡懒觉、泡网吧、整天无精打采、充满了空虚感、对自己的未来则充满了迷茫和无奈。

一些教师习惯简单地用“专业知识不扎实”“学习态度不端正”等评语来评价一些学生，用“既来之则安之”等观念来教导学生。但事实上，这种简单的思想教育方法是不能真正有效地帮助大学生解决在专业学习上遇到的困难和心理问题的。

（三）考试压力问题

考试是大学生心理压力产生的一个重要的刺激源。一些大学生由于不能承受大学阶段的考试压力而陷入一种焦虑的心理状态中，从而使自己的学业处于一种不理想状态。

考试焦虑是一种预期的紧张情绪，就是因对即将来临的考试与自身能力的评价不一致而出现的忧虑、担心、焦急、不安等不良情绪体验。具体表现如下。

①在生理上，个体出现考试焦虑时交感神经系统、血液循环系统及内分泌系统均会产生一些相应的生理变化，以保证机体处于应激水平。

②在情绪上，较重的考试焦虑者首先感到的是挥之不去的恐惧和忧虑，时刻担心自己不能通过考试，时刻想象着考试不及格可能产生的种种恶果，并因此而心事重重、无法放松自己，随时面临着崩溃的危险。

③在行为上，较重的考试焦虑者的主要表现是，不能集中自己的注意力，如坐立不安、辗转反侧、茶饭不思、全身发抖及一些下意识的行为。有时，明知这一切于事无补，但自己根本无法控制自己。

（四）学习动机问题

部分大学生由于在以往的中小学学习阶段受到升学的压力而努力学习，老师和父母对他们的最大希望和要求就是一定要考一个好的分数和好的名次，考上重点中学和重点大学，出人头地，为父母争光，为老师争光。这类学生通常天资聪颖、学习努力、学习成绩不错，他们往往自尊心强，好胜心也很强，由于在无数次的考试比赛和学习竞争中都能出类拔萃，所以自信心也很强。他们从不怀疑自己的学习能力，坚信“学习成绩好”是天经地义的生活目标和追求。但是除了学习和学习成绩以外，他们好像对什么都不大关心，也不太感兴趣，甚至连为什么要学习都说不清楚。

（五）学习方法问题

进入大学阶段，学习要求更高、学习内容更加丰富、学习难度加深、教师的教学个性化等因素客观上要求大学生必须不断探索和总结出一套良好而有效的学习策略和学习方法，学会学习、培养独立获取信息的能力显得尤为重要。一部分大学生整天把学习放在心上，白天准时上课，晚上上晚自习不缺席，周末也经常泡在图书馆里“加班”，可谓非常刻苦努力，但是却得不到好的学习成绩，他们为此感到非常灰心和苦恼。

其实，一些学生进入大学以后，不太了解大学阶段的学习要求和学习特点，很长时间都不能适应大学阶段的学习规律和大学教师的教学方式，没有摸索和总结出有效的学习策略和学习方法，所以也成为不能适应大学生活的大学生。有的学生还为此焦虑、自卑甚至自暴自弃。

（六）自我定位问题

为了更好地培养出社会发展所需要的人才，使教育能真正为社会经济、政治服务，近年来党和国家提出了“大力开展素质教育”的新的教育方针，强调大学生不仅要学习成绩好而且要全面发展和提高“专业素质、文化素质、身心素质和思想政治素质”。全国各高校也根据自己的实际情况向大学生提出了全面提高和发展综合素质的要求，努力使培养出来的人才能更好地适应飞速发展的时代要求。知识经济和改革竞争的时代的到来使既拥有先进知识技术又具备全面综合素质的人才成为这个时代真正的“宠儿”。时代在给予大学生更多的机遇和更大、更精彩的发展空间的同时，也给予这一代大学生更重的责任、压力。越来越多的大学生已经意识到这一点，他们在完成各种知识积累的同时也积极参加各种社会实践活动，自觉培养和提高自身的各种能力，积极适应社会发展对他们提出的挑战和要求。

但同时也有一些大学生深感学习和自我发展的任务沉重，甚至感到力不从心、时间精力不够用；有的大学生感到时常会顾此失彼，不能很好掌握知识的学习和能力发展之间的平衡。比如，有的大学生为了锻炼自己的社交和管理能力、当好班干部，花费了大量时间，但学习成绩却下去了；有的学生在大学毕业后在先考研还是先就业的问题上彷徨；有的大学生花费大量精力在英语和计算机的学习和过级上面，专业学习的精力实在不够；有的学生连周六、周日都在上课，为根本没有时间发展自己的兴趣和能力而苦恼；等等。

因此大学生必须明确自己的人生目标，对自己的发展方向有一个清楚的定位，切不可面面俱到，这样才能把有限的时间进行合理的分配，保证主要目标的达成和重要任务的完成。

三、学习疲劳症

疲劳是在过强刺激或长时间的弱刺激作用下，大脑皮质细胞功能损耗超过其功能限度时所引起的超限抑制，此时皮质细胞会停止工作，以使功能迅速恢复。因此，疲劳的机理就是保护性抑制，是一定紧张程度和一定持续时间工作后的一种保护性反应，属生理性情况。其表现为各器官、系统的功能和全身的工作能力暂时降低，经短期休息便能恢复，故亦称急性疲劳。

学习疲劳是指学习者由于学习过度或学习方法不当而产生的学习效率逐渐降低的情况，并伴有渴望停止学习活动的生理和心理现象。在极度疲劳状态下，学生则可能陷入完全不能学习的状态，这就是所谓的学习疲惫或学习疲劳症。学习疲劳可分为生理的和心理的两种。生理疲劳主要是指肌肉受力过久或持续重复伸缩造成的肌肉痉挛、麻木、乏力、手足发冷、动作失调、感觉失调、眼球发疼发胀、视力减退、食欲不振、面色苍白、头晕、腰酸背痛、打瞌睡、失眠等。心理疲劳是指感觉器官活动机能降低、注意力不集中、思维迟钝、记忆力衰退、情绪躁动，忧郁、厌烦、易怒、学习效率下降的状态。

（一）常见的学习疲劳表现与原因

常见的学习疲劳表现如下。

①容易走神。不能有效地控制自己的心理活动，经常想一些与学习无关的事情，思绪远离当前的活动。

②易受干扰。很容易因外界的无关刺激而偏离当前的学习活动。比如，听到外面的谈话就想出去看看。

③多余动作增多。注意力不集中的人往往伴随一些多余动作或无关动作，如东张西望、玩弄手指、摆弄笔杆或这儿摸摸那儿翻翻等。

④效率低下。学习时间没少花，学习效果却很差。

造成学习疲劳的原因是多方面的，如学习压力大、学习时间过长、不注意劳逸结合、睡眠时间不足、学习缺乏兴趣、不注意用脑卫生等。

（二）如何改善学习疲劳

对于如何改善学习疲劳，在此有以下几点建议。

1. 善于科学用脑

大脑有左、右两半球，大脑左半球主要与抽象的智力活动（如数学计算、语言分析等逻辑思维活动）有关；大脑右半球则主要与音乐、色彩、图形、空间想象等形象化的思维活动有关。为了克服疲劳，就要使大脑左、右两半球交替使用，把数学、哲学等需要高度抽象思维的活动同音乐、绘画、文体活动交替进行，以便克服疲劳、提高学习效率。

此外，大脑活动还有一种“优势现象”，即当大脑某一功能区的活动占优势时，可使其他功能区的活动相对处于休息状态，所以能把读书—计算、读书—思考、写字—听音乐等脑力活动穿插进行，能防止疲劳，起到事半功倍的效果。

2. 注意劳逸结合

学习一定时间后就应该休息片刻、放松一下。在学习之余可参加一些文体活动，使身心得到放松和调节，这有利于消除疲劳、提高学习效率。另外，每天还应保证充足的睡眠时间，一般认为，对大学生来说，每天的睡眠时间应为 7~8 小时，当然，这有很大的个体差异，每人都应视自己的实际情况而定。

3. 遵循人体生物节律

按照人体生物活动的规律，上午 7~10 时机体的生物机能处于上升的状态，10 时左右精力最充沛，是学习与工作的最佳状态，此后逐渐下降，至下午 5 时后又再度上升，到晚上 9 时达到最佳状态。因此，学习时间的安排应顺应人体生物钟的节律变化，但这一变化规律会因地因人而有所不同，所以大学生要清楚自己的“黄金时间”，以合理安排作息时间。

4. 养成良好的生活习惯

大学生要使脑神经的兴奋与抑制保持平衡。这时大脑的兴奋和抑制就会有规律地进行，减少脑力和体力的消耗，从而有效地学习和工作。因此，养成良好的生活和学习习惯不仅是大学生遵守学校规章制度的要求，而且是防止学习疲劳、有效地进行学习活动的需要。

5. 培养学习兴趣

如果学习兴趣浓厚，学习时心情愉快，则即使学习时间长也不易感到疲劳；反之，学习那些兴趣不大甚至厌烦的内容时，就会很快进入疲劳状态。因此，培养自己的学习兴趣也是防止学习疲劳的方法之一。

6. 创设良好的学习情境

良好的学习环境可使大学生在学习活动中身心舒畅，提高学习效果；而嘈杂、脏乱的学习环境会使大学生心烦意乱、焦躁不安。在过暗或过亮的地方学习，则可能会出现头晕目眩的症状，出现视觉疲劳，最终影响学习效果。这些情况大学生在学习时都应注意和避免。

四、考试焦虑

考试焦虑是一种很复杂的情绪现象。曼德拉认为，考试焦虑是失助和紊乱状态下的一种情绪。而沃尔夫则强调，考试焦虑是一种习得的条件性情绪反应。萨拉森更是主张，应当把考试焦虑视为同注意与认知评价相联系的紧张情绪状态。其实，考试焦虑是由一定的应考情境引起的，以担心为基本特征，以防御或逃避为行为方式，受个体的认知评价、人格因素和其他身心因素的制约，是考试时常见的一种心理现象。考试焦虑具有应试情景的激发性、认知评价的调控性、个体差异性和反馈信息的强化性四个特点。

考试焦虑通常表现在三个方面：一是心理层面的忧虑、紧张、恐惧、思维混乱、注意力不稳定、记忆力减退、学习效率下降、情绪抑郁、易怒烦躁、缺乏自信心、夸大失败、依赖性强和独立性差等；二是行为层面的坐立不安、采用躲避方式进行防卫或胡乱作答、过早离场或东张西望、无心作答等；三是生理层面的肌肉紧张、呼吸急促、心跳加快、头昏、多汗、恶心、睡眠不良、食欲减退和肠胃不适等。

造成考试焦虑的原因很复杂。一般来说，知识经验水平、能力结构、认知评价能力、成熟水平、应试技能和身体状况等是引起考试焦虑的内在因素，而家庭、学校和社会造成的巨大心理压力往往是诱发高度考试焦虑的外在因素。

第四章　大学生心理危机概述

近年来，时有发生的校园心理危机事件引起了学校、社会的高度关注。了解大学生心理危机的特点，及早识别大学生早期心理危机的征兆，有利于及时对其进行心理危机干预，把问题消灭在萌芽状态。

第一节　心理危机的基础知识

人们对心理危机这一问题越来越重视，越来越多的人受到心理问题的困扰，因此越来越多的心理专家、学者投入心理危机的研究中去。那么到底什么是心理危机？心理危机又是如何产生的？

一、心理危机的概念及内涵

日常生活中，我们经常听到经济危机、政治危机这样的概念，对于心理危机的概念很多人还很陌生。什么是心理危机呢？

心理危机这一概念是美国心理学家卡普兰提出的。他认为，心理危机是当个体面临突然或重大生活事件（如亲人死亡、婚姻破裂或天灾人祸）时所出现的心理失衡状态。他认为，每个人都在努力保持一种内心的稳定状态，使自身与环境相协调，当重大问题和剧烈变化使个体感到问题难以解决时，平衡就会被打破，于是正常的生活受到干扰，内心的紧张不断积累，继而变得无所适从，甚至出现思维和行为的混乱，最终进入一种失衡状态，这就是心理危机产生的过程。

可见，危机是个体无法用现有的资源和惯常应对机制加以处理的事件和遭遇。危机有两层含义：一是指突发事件，其是出乎人们的意料之外的，如地震、水灾、空难、疾病、失去亲人、恐怖袭击、战争等；二是指人所处的紧急状态。

心理危机发生后，如果个体得不到及时有效的帮助和支持，并通过调动其自身的潜能重新建立和恢复其危机水平前的心理水平，则可导致其精神崩溃，甚至使其产生自杀或攻击他人的行为。

当心理危机出现时，当事人可能及时察觉，也有可能“未知未觉”。无论何种情形，当个体面对危机时就会产生一系列的身心反应，一般危机反应会持续 6~8 周。

大学生心理危机主要是指当事人主观认识上的失衡，即当事人认为自己所经历的某一事件或所处的境遇是其个人力量和原有的应付能力所无法解决的困难，这种困难引发了无助感和困扰冲突，当其得不到及时缓解或帮助时，就会导致当事人情感、认知和行为等方面的功能失调，其甚至会产生自毁或伤及他人的行为，其后果是令人震惊的。

二、心理危机的特征

现实生活中的危机的涉及面很广，既有不同群体的各种不同危机，也有同一群体不同时期的同一危机。不同的心理学家对危机具有什么特征持不同的观点，归纳起来，其主要有以下特征。

（一）普遍性

心理危机的产生、发展及激化经历着复杂而微妙的心理过程。几乎每个成长中的个体都不同程度地经历过心理危机，但心理危机并不一定导致极端行为。事实上，心理危机并不像我们想象的那样神秘，它就在大学生的身边，甚至正存在于某些大学生的心里。从一定意义上讲，心理危机是每个人成长过程中都会遇到的事。虽然在人生中危机是不可避免的，但是只要把握机会、设定目标、形成计划、妥善处理，我们是可以渡过危机的。

（二）机遇性

危机意味着风险，但危机中又蕴藏着机遇。一方面危机是危险的，因为它可能导致个体严重的病态，包括对他人和自我的攻击；另一方面危机也是一种机会，因为它带来的痛苦会驱动当事人寻求帮助、解决问题，从而使自己得到成长。在危机状态下，如果大学生成功地管控了危机或及时得到了适当、有效的心理危机干预或帮助，那么个体就可能学会新的应对技能，这不但使其重新获得了心理平衡，还能促进其心理上的进一步发展。危机的成功解决能使个体准确地把握现状、重新认识过去的冲突、学到更好的处理将来危机的应对策略和手段，这就是机会。没有危机就没有成长，如果当事人能够有效地利用这一机会，就会在危机中逐步成长并达到自我完善。

（三）复杂性

心理危机是复杂的，可以是生物性、环境性和社会性危机，也可以是情境性、过渡性和社会文化结构性危机；而造成危机的原因可能是生理的，也可能是心理的和社会性的。另外，由于个性不同，个体面对危机时也会产生不同的情况。例如：有的当事人能够自己有效地应对危机，并从中获得经验，从而使自己变得成熟；有的当事人虽然能够渡过危机，但并没有真正地解决问题，在以后的生活中危机的不良后果还会不时地表现出来；而有的当事人在危机开始时心理就崩溃了，如果不为其提供及时、有效的帮助，那么就可能产生有害的、难以预料的后果。一旦危机出现，很多复杂的问题便会卷入其中。

（四）动力性

焦虑和冲突是伴随着危机而存在的，这种情绪导致的紧张为情况的转变提供了动力。也有人把危机看作成长的机会或催化剂，它可以打破个体原有的定势或习惯，唤起新的反应，使个体寻求新的解决问题的方法，增强挫折的耐受性，提高适应环境的能力。例如，药物成瘾者、网络成瘾者往往将问题拖延到较为严重的程度时才会去就医，因此治疗者不得不将问题分步处理。个体在追求成长的同时，也意味着改进一个不健全的机制，如能及时调整、适应变化，则能形成动力，促进心理健康发展。

（五）困难性

当个体处于危机中时，其心理能量降到最低点，有些深陷危机的个体拒绝成长，危机干预者需要帮助处于危机中的个体重新建立心理平衡。干预者需要运用专业的心理学疗法，如支持治疗、认知领悟疗法、家庭治疗、合理情绪疗法等。但无论哪种方法都有其独特的适用范围，因此心理危机的通用治疗方法是不存在的。另外，有些心理危机患者愈后容易反复，治疗起来有一定困难。

三、心理危机的影响因素

某一事件是否会成为危机，取决于三个因素。

第一，个体对事件发生的意义以及事件对自己将来的影响的评价。

第二，个体是否拥有一个能够为自己提供帮助的社会支持系统。

第三，个体是否能获得有效的应对机制，也就是个体能否从过去经验中获得解决问题的有效方法，如哭泣、愤怒、向他人倾诉等。

由于个体在这三个方面可能存在着较大的差异，因此，同一事件不一定对每个人都构成危机。

四、心理危机的表现

危机反应主要表现在生理、情绪、认知和行为上。

生理方面：肠胃不适、腹泻、食欲下降、头痛、疲乏、失眠、做噩梦、易惊吓、呼吸困难或窒息、有哽咽感、肌肉紧张等。

情绪方面：害怕、焦虑、恐惧、怀疑、不信任、沮丧、忧郁、悲伤、易怒、绝望、无助、麻木、否认、孤独、紧张、不安、愤怒、烦躁、自责、过分敏感或警觉、无法放松、持续担忧、担心家人安全等。

认知方面：注意力不集中、缺乏自信、无法做决定、健忘、效率降低、不能把注意力从危机事件中转移出来等。

行为方面：社交退缩、逃避与疏离，不敢出门，容易自责或怪罪他人，不易信任他人，等等。

五、心理危机的分类

（一）根据危机刺激的来源分类

可以将心理危机分为发展性危机、境遇性危机和存在性危机三种。

1. 发展性危机

发展性危机又称内源性危机、内部危机、常规性危机，是指正常成长和发展过程中的急剧变化或转变所导致的异常反应。

心理学家埃里克森认为人生是由一系列连续的发展阶段组成的，每个阶段都有其特定的身心发展课题。当一个人从某一发展阶段转入下一个发展阶段时，他原有的行为和能力不足以完成新课题，新的行为和能力尚未建立起来，发展阶段的转变常常会使他处于行为和情绪的混乱无序状态。如儿童与父母的分离焦虑、身心发育急剧变化的青少年的情感困惑、青年期的职业选择和经济拮据、对婚姻生活缺乏足够心理准备和处理夫妻角色能力的新婚夫妇、缺乏足够育儿本领的父母面对第一个孩子的诞生、中年职业压力、婚姻危机、子女离家、父母死亡、习惯于忙碌的退休老人、配偶离去、疾病缠身等。如果没有及时为承担新角色培养新的能力，那么每个人都有可能产生发展性危机。如果一个人没有及时建设性地解决某一发展阶段的发展性危机，他未来的成长和发展就会受到阻碍，他就会停滞在那一阶段。

发展性危机是常规发生的、可以预测的，又是独特的，在生命发展的各个时期都可能存在。如果个体有足够的时间和机会对发展性转变做出适应性的调整，如获得有关信息、学习新技能、承担新角色，就会减小危机对个体心理上的冲击和损害。但是，如果个体缺乏处理危机的经验、对挫折的耐受能力差、缺乏自信、不会与人相处等，发展性危机对他的冲击就会很大。

2. 境遇性危机

境遇性危机也称外源性危机、环境性危机、适应性危机，是由外部事件引起的心理危机，是出现罕见或超常事件且个体无法预测和控制时出现的危机，如地震、火灾、洪水、海啸、龙卷风、流行疾病、空难、战争、恐怖事件等。境遇性危机具有随机性、突发性、意外性、震撼性、强烈性和灾难性等特点，往往对个体或群体的心理造成巨大影响。

卡普兰认为境遇性危机产生的原因包括以下三个方面。

第一，丧失一个或多个满足基本需要的资源。具体形式的丧失包括亲人亡故、失恋、分居、离婚、使人丧失活动能力的疾病、肢体完整性的丧失、被撤职、失业、财产丢失等；抽象形式的丧失包括丢面子、失去别人的爱、失去归属感、失去特定身份等。丧失引起的典型的情绪反应是悲痛和失落。

第二，存在丧失满足基本需要资源的可能性。比如，得知自己有可能下岗、离退休等。

第三，生活变化对个体原有能力提出更高的挑战。常见的情况是本人地位、身份及社会角色的改变所提出的要求超过了个体原有的能力。如中学升入大学的生活适应、毫无准备的职位升迁等。典型的情绪反应是焦虑、失控感和挫折感。

境遇性危机具有以下共同的特点：第一，当事人有异乎寻常的内心体验（情绪），伴有行为和生活习惯的改变，但无明确的精神症状，不构成精神疾病；第二，有确切的生活事件作为诱因；第三，面对新的难题和困境，当事人过去的举措无效；第四，持续时间短，几天或几个月，通常为4~6周。

3. 存在性危机

存在性危机指伴随重要的人生问题，如关于人生目的、责任、独立性、自由和承诺等出现的内部冲突和焦虑。存在性危机可以是基于现实的，也可以是基于悔恨的，还可以是一种持续的空虚感、无意义感。例如：一个40岁的人没有任何成就，没有产生过任何影响；一个50岁的人一直独身并与父母住在一起，从未有过独立的生活，而到现在却永远失去了机会；一个60岁的退休者觉得自己的生活毫无意义，这种空虚的感觉永远无法以有意义的东西来弥补。

（二）根据危机发生的早晚分类

可以将心理危机分为急性危机、慢性危机和混合性危机三种。

1. 急性危机

急性危机由突发事件引起，当事人会出现明显的生理、心理和行为紊乱的症状，若不及时干预则会影响当事人或他人的身心健康，需要对其进行直接和及时的干预。

2. 慢性危机

慢性危机由长期、慢性的生活事件导致。对于慢性危机患者，需要对其进行长时间的心理治疗，并帮助其建立恰当的应付机制，一般需要转诊给长期的专业咨询工作者。

3. 混合性危机

混合性危机是由多种因素导致的。如事故幸存者的酒精依赖问题、失业人员的抑郁情绪问题、家庭暴力问题等。因此处理危机时一定要分清主次。

六、心理危机的发展时期及阶段

（一）心理危机的发展时期

1. 冲击期

危机事件发生后不久或当时，患者感到震惊、恐慌、不知所措。

2. 防御期

表现为想恢复心理上的平衡，控制焦虑和紊乱情绪，恢复受到损害的认识功能，但不知如何做。

3. 解决期

积极采取各种方法以使自己接受现实，寻求各种资源并设法解决问题。焦虑减轻，自信增加，社会功能恢复。

4. 成长期

经历危机后个体变得更加成熟，获得了应对危机的技巧。但也有人因消极应对而出现种种心理不健康的行为。

（二）心理危机的发展阶段

卡普兰在他的危机理论中将心理危机的形成和演变过程分为四个阶段。

1. 第一阶段：警觉阶段

创伤性应激事件使当事者情绪焦虑水平上升并影响了当事者的日常生活，因此可采取常用的应对机制来抵抗焦虑所致的应激和不适，以恢复其原有的心理平衡。当一个人感受到自己的生活突然出现变化或即将出现变化时，他内部的平衡就被打破了，表现为警觉性提高、开始出现紧张性体验。为了达到新的平衡，他试图用自己以前在压力下习惯采取的策略做出反应。处于这一阶段的个体多半不会向他人求助，有时还会讨厌别人对自己处理问题的策略指手画脚。

2. 第二阶段：功能恶化阶段

经过第一阶段的尝试和努力后，当事人发现自己习惯的解决问题的办法未能奏效，常用的应对机制不能解决目前所存在的问题，创伤性应激反应持续存在，焦虑程度开始加重，生理和心理等紧张表现加重。当事者的社会适应功能明显受损或减退。为了找到新的解决办法，他试图采取尝试错误的方法解决问题。在这个阶段，当事人开始有了求助动机，不过这时的求助行为只是他尝试错误的一种方式。需要指出的是，高度的情绪紧张会阻碍当事人进行冷静的思考，也会影响他采取有效的行动。

3. **第三阶段：求助阶段**

如果经过尝试错误未能有效地解决问题，那么当事者的精神症状将进一步加重，其内心紧张程度会持续增加，这会促使其想方设法地寻求和尝试新的解决办法，用尽可能多的应对或解决问题的方式来力图减轻心理危机和情绪困扰，其中也包括社会支持和危机干预等。在这一阶段，当事人的求助动机最强，常常不顾一切，不分时间、地点、场合和对象地发出求助信号，甚至尝试自己过去认为荒唐的方式。

需要注意的是，在这个阶段当事人会采取一些异乎寻常的无效行为来宣泄自己紧张的情绪，如无规律的饮食起居、酗酒等。这些行为不仅不能有效地解决问题，反而会损害当事人的身体健康，增加其紧张程度和挫折感，并降低当事人的自我评价。

4. **第四阶段：危机阶段**

如果当事人经过前三个阶段仍未能有效地解决问题，那么他很容易产生习惯性无助。他会失去信心和希望，甚至对自己的整个生命意义发出怀疑。一些人在这个阶段应用了不恰当的心理防御机制，从而使问题长期存在、悬而未决，当事者会出现明显的人格障碍、行为退缩和精神疾病。强大的心理压力有可能触发从未被完全解决的、曾被各种方式掩盖的内心深层冲突。有的当事人会精神崩溃。在这个阶段，当事人需要通过外援性的帮助（包括家人、朋友和专业人员）来渡过危机。

七、心理危机的结果

第一种是顺利渡过危机，并掌握了处理危机的方法和技巧，提高了心理健康水平。

第二种是渡过了危机但留下了心理创伤。

第三种是经不住强烈的刺激而自伤自毁。

第四种是未能渡过危机而且出现了严重的心理障碍。

八、创伤后应激障碍

危机在很多情况下是由突如其来的、灾难性的事件引起的，如美国的“9·11”事件、印度洋海啸、空难等一切突发性人为的或自然的灾难，这些事件的亲历者及其亲属、朋友都有可能遭受创伤性事件所带来的心理困扰，个体在面对这些严重突发性创伤性事件时，其整个心理系统都有可能出现严重障碍，其大致可分为调适障碍、急性应激障碍、创伤后应激障碍和极度应激障碍四种。其中，创伤后应激障碍（PTSD）是学术界研究的热点，在这里，我们简单介绍一下。

（一）PTSD 的含义

PTSD 是因不同寻常的突发性、威胁性或灾难性生活事件而导致延迟出现和长期持续的精神障碍。PTSD 可以被看作危机的转移状态之一，是创伤性事件对个体造成的一种长期的心理影响。

任何人，不论其心理素质如何，在突发事件中都会产生焦虑、无助、恐惧等情绪反应，一般情况下，这种反应在一段时间之后便可以消除，因此，创伤性事件中适度的应激反应是正常且有益的。但少数个体不能克服这种影响，并且这种情况没有得到及时的处理，在事件发生的几个月甚至几年之后，个体仍然会表现出各种不适症状，这就是 PTSD。

PTSD 受到重视源于越南战争，其是由美国退伍军人正式提出的。据美国精神病协会统计，美国 PTSD 的人群总体患病率为 1%~14%，平均为 8%，个体终身患病的危险性达 3%~58%，女性是男性的两倍，在少年儿童中发生的概率比成人高。除人口学因素和个体心理素质外，PTSD 的发生率受创伤性事件的性质和个体对事件接近度（包括身体接近和情感接近）的影响，一般认为，人为灾难比自然灾难更具有创伤性，而个体越接近于创伤性事件，罹患 PTSD 的可能性也就越大。

（二）PTSD 的症状

PTSD 是一种难以诊断的心理障碍，它症状复杂且难以识别，容易与其他心理障碍相混淆。一般认为应从以下四类症状来进行识别。

1. 反复、持续地体验创伤性事件

第一，反复出现对事件的侵入性回忆。

第二，反复做类似事件的噩梦。

第三，反复出现有关创伤性事件的幻觉或不切实际的幻想。

第四，处于类似创伤性事件情境时会出现类似的生理反应。

2. 对创伤伴有的刺激做持久的回避

第一，努力避免与创伤性事件有关的想法、情感。

第二，回避有可能引起创伤性体验的情境、人或物。

第三，不能回忆起创伤性事件的重要方面。

第四，对有意义的活动不感兴趣。

第五，对他人有疏离感。

第六，情感表达遭到限制。

3. 警觉性提高

第一，入睡困难或睡眠不深。

第二，情绪烦躁，易发怒。

第三，难以集中注意力。

第四，经常处于高度戒备状态。

4. 功能受损

第一，精神痛苦。

第二，生活、学习、工作、人际交往功能受限。

第三，物质滥用。

除以上特有的症状之外，PTSD 还具有与焦虑、抑郁、高血压、支气管哮喘等精神疾病和躯体疾病相同的倾向，给个体带来了难以承受的痛苦。

由于 PTSD 是由创伤性事件导致的一种慢性心理疾患，因此，与急性的危机干预不同，PTSD 患者应接受较为长期的心理治疗。PTSD 支持一般的危机干预技术，较为常见的干预措施包括眼动脱敏技术、认知疗法、疏泄疗法、关键事件应激报告法等。

第二节　大学生心理危机的特点、种类及高发群体

探讨大学生心理危机的特点、了解自杀的相关知识，对于大学生积极应对个体心理压力、提高自身心理素质、预防自杀行为的发生具有重要意义。

一、大学生心理危机的特点

大学生心理危机具有发展性、交互性、易发性、潜在性等特征。

（一）发展性

处于发展转变中的人极易受应激事件的影响。人的一生中，各个发展时期都有其相应的发展课题和任务。哈维格斯特对青年期的发展课题进行了系统的论述，他共列举了十项青年期的发展课题。

①学习与同龄男女之间新的熟练的交往方式。

②学习作为男性或女性的社会任务及角色。

③认识自己的身体构造，有效地使用自己的身体。

④从精神上独立于父母或其他成人。

⑤具有在经济上自立的自信。

⑥选择职业及为其准备。

⑦做结婚及家庭生活的准备。

⑧发展作为社会一员所必须具备的知识和态度。

⑨追求并完成富有社会性责任的行动。

⑩学习作为行动指针的价值观和伦理体系。

我国著名心理学家林崇德认为成年初期的发展课题应该包括以下十个方面。

①对身体的发育，特别是对因性成熟引起的诸多变化的理解和适应。

②从精神上和经济上脱离父母并走向独立。

③逐渐完善作为男性或女性的性别角色。

④对新的人际关系，特别是异性关系的适应。

⑤正确认识自己在社会中的角色，通过各种社会活动完善自己。

⑥树立作为社会一员所必须具备的人生观和价值观。

⑦掌握作为社会一员所必须具备的知识和技能并付诸社会实践。

⑧选择职业及工作适应。

⑨恋爱及婚姻适应。

⑩成就感的获得与自我实现。

结合我国大学生的实际情况，有的学者归纳出了大学的生十项发展任务。

①完成学业。

②适应新的人际关系，提高人际交往能力。

③逐渐独立于父母。

④完善性别角色。

⑤对身体发育和性成熟的适应。

⑥正确处理两性关系。

⑦树立作为社会成员所应具备的人生观和价值观。

⑧确立和完善自己的社会角色和任务。

⑨为选择职业做准备。

⑩成就感的获得和自我实现。

这些课题要求大学生去适应和发展新的社会角色，并对原来的角色进行修正，这种改变会导致角色压力，是慢性应激的主要来源。

（二）交互性

大学生心理危机往往是多种因素共同作用的结果，经济状况、学业期望、情感归属、人际关系等交织在一起，当遇到特定的生活事件时，这些交互因素便浮出水面，引发个体的心理危机。

心理学家霍尔是成人心理学的创始人，他在1904年出版了《青春期》一书，认为成人早期的发展既为生理变化所影响，也为成人社会中变化的准则与期望所决定，他把青年时期比作“疾风怒涛”。

20世纪上半叶，心理学家开始关注文化与环境对个体发展的影响，如夏洛克·比勒、罗伯特·哈维格斯特，在以后的研究中，艾里克森、莱文森等又进行了深入的探讨。莱文森提出了“人生四季理论”，他认为成年早期是个体精力充沛而多产但同时又充满矛盾和压力的时期，在这一时期，大学生能获得爱情、学业、专业技能、事业进步方面的满足，实现主要的生活目标。但是，他们同时也承受着巨大的压力——需要对爱情、工作和生活方面的问题做出明智的决策，而其中许多人此前并没有做出明智选择的经验。因此，各种矛盾与冲突、选择与机遇、个人情感与职业发展等任务一股脑儿地摆在大学生面前，再加上个体本身在心理上并不成熟，因此容易引发各种心理危机。由心理问题引发的心理危机背后都有着极其复杂的原因，这些问题之间相互纠缠、相互牵扯、互为因果。

（三）易发性

心理危机的产生是个体和外部条件共同作用的结果。大学生一般都在 18~25 岁，正处于青年初期。在这一时期，大学生具有了成年人所具备的生理特征：身高与体重基本成型、身体内部机能增强、性发育成熟。大学生心理发展处于由不成熟向成熟发展的过渡阶段，大学生的社会发展又滞后于心理发展，因此大学生的心理呈现出了积极与消极并存、自负与自卑并存的矛盾与冲突期。任何一个小小的问题如果不能得到及时解决，都可能引发严重的心理危机甚至导致悲剧性后果。

（四）潜在性

潜在性是指大学生心理危机并非以直接爆发的方式呈现，而是潜藏在个体中，易感个体在遭遇危机性事件时，心理危机就容易被引发。艾里克森认为，成年人解决问题的关键是他们“需要被需要”，以使他们免除自身专注的心理畸形，因为在这种状态中，他们容易成为自己的婴儿和宠儿。他认为，心理发展是为“危机”所策动的，无论如何，决定性的转折点不可避免。艾里克森将怀疑归于每一个生命阶段。他认为冲突不可能完全解决，它会在下一段生命中继续再现，并伴随生命的全过程。

大学生心理危机与成长的每一方面相伴生，如果没有“危机”，即使年龄与日俱增，心理发展也不会与时俱进，潜在的危机促使个体积极地关注自我，并获得成长的力量。在某一点上，在成长的某一刻，成长的力量与危机的力量共生，两种力量相互较量、此消彼长，在正常情况下，成长的力量是个体生命中永远向上的动力。然而当面临特定的情境且生命中的一道坎必须迈过去时，潜在的危机就发生了。正如平静大海下掩藏着狂风怒潮一样，危机的累积与渐进是一个潜在过程、量变过程，质变的到来意味着成长或更大的危机的到来。

二、大学生心理危机的种类

大学生中常见的心理危机包括以下几种。

①人格缺陷、自我认知偏激引发的心理危机。

②家庭重大变故或激化性事件引发的心理危机。

③教育缺失、行为冲动引发的心理危机。

④恋爱受挫、难以自拔引发的心理危机。

⑤学业压力、竞争择业受挫引发的心理危机。

⑥人际交往矛盾冲突引发的心理危机。

三、大学生心理危机的高发群体

不同的人群具有不同的行为模式和心理特征，要把握不同人群的特征，就要掌握认识不同人群的社会学理论方法。大学校园中存在着贫困生、独生子女、新生、毕业生、学业困难学生、心理障碍学生等群体，这些具有不同特征的群体中的个体都可以成为人格完善、社会适应良好的人，但由于其所在群体的特殊性，如果缺少相应的教育、引导与干预，这些人群也可能成为大学生心理危机的高发群体。

（一）贫困生群体

随着社会的变革、高等教育体制的改革，大学校园里出现了一个特殊的群体——贫困生。这一特殊的"弱势群体"背负着沉重的生活负担和心理压力。"贫困生现象"已引起了政府及社会各界的高度关注。不仅各级政府部门出台政策帮助贫困大学生，民间组织、机构和个人也通过多种途径帮助贫困学生完成学业。同时，各高校也多渠道筹措资金，建立以奖、贷、勤、补、减、免等为主体的资助体系，以帮助贫困大学生克服经济上的困难。

但高校的贫困生问题并非单纯的经济问题，贫困生因经济窘迫而产生的思想上、心理上的问题更需要引起高度重视。了解贫困生的心理活动，研究分析其心理特点，帮助他们摆脱困扰、树立起学习和生活的信心，是高校教育工作者义不容辞的责任。一般说来，贫困生普遍存在以下几种不良心理。

1. 自卑

目前，我国贫困大学生的主要构成来源有四种：一是来自老少边贫地区的学生，二是城市低收入家庭学生，三是多子女家庭与非核心家庭学生，四是遭遇疾病或重大家庭变故的学生，他们共同的特点是经济状况不好，家庭经济收入较低。他们家境虽贫寒，但在原有的环境中尚无明显的心理落差，而一旦来到繁华的城市，生存环境发生了很大的改变，这种环境的反差超出了他们的想象，与具有多方面才艺且家境良好的学生生活在同一屋檐下，他们才渐渐感觉到差距的存在，多数贫困生能够正确调整心态，积极适应大学生活，而当他们理智地调整心态，把更多的精力用于学习而不是相互攀比，并试图通过优异的学习成绩来改变自我时，却又不得不面对这样的现实：学习基础和知识储备上的差距所导致的学习压力和经济困难引发的生存压力使他们比普通学生的压力大，因此他们容易陷入自卑中。

有的贫困生感到很自卑，不愿意让别人知道自己的处境，并不可抑制地抗拒师生的同情；有的贫困生不愿在互联网或其他媒体上公开求助，不愿意积极主动地与人交往；有的贫困生参与社会活动的热情不高；有的贫困生对社会持极端的观点，从而影响了自己的心理健康。

一些贫困生的自卑情结往往潜藏于心中，并不能从日常学习生活中体现出来，然而却是真实存在的，他们中的部分学生是心理危机的易感人群。

2. 强烈的自尊

自尊是指人们在社会比较过程中所获得的有关自我价值的积极的评价和体验，它是一种自我尊重，并希望被人尊重的心理状态。对自尊的维护是人的需要和本能，而自尊原本也是个人素质得以良好发展的前提，是生活、学习、工作中奋发图强的强大动力，但过于强烈的自尊往往会造成心理的扭曲。

有的贫困生一方面自卑感较重，另一方面自尊心又很强。虽然经济拮据，但他们却不愿接受帮助，不愿被别人看作“异类”，于是有的高校便出现了“贫困生窗口无人站、寒衣补助无人领”的尴尬局面。他们怕被别人看不起，出于自我保护，为自己构筑起强烈自尊的外壳，但这个外壳是极其脆弱、不堪一击的。他们对触及自己痛处的事物比较敏感，一些刺激会让他们产生强烈的情绪反应。

3. 孤僻

一些贫困生自卑心理严重、自我保护意识较强，总是把自己封闭起来，不愿与人接触，独来独往、沉默寡言，很少向别人敞开心扉。长此以往，他们在心中筑起了厚厚的围墙，心里的积郁和苦闷得不到正常的宣泄和释放，问题越积越多，他们甚至把别人的关心和帮助当成是对自己的嘲弄，对外界充满敌意。在如此强烈的心理负荷下，很小的事件都会使他们的心理防线崩溃，使他们产生过激行为。

值得关注的是，一些贫困生常常处于一种相对剥夺感之中，因此，他们容易产生愤世的心理、对很多事情看不惯、感觉社会缺乏公平，在遭遇生活事件时容易产生心理偏差。

（二）独生子女群体

独生子女群体的形成源于我国20世纪70年代末实行的计划生育政策。20世纪90年代末，第一批独生子女陆续进入大学，他们构成了我国大学生中的特殊群体。这一群体从出现起便吸引着众多人的目光，成为各方关注的焦点。与非独生子女相比，独生子女身上具有明显的时代特征。由于与非独生子女在生存状态等方面存在一定差异，也就形成了这一群体普遍存在的人格特征和心理行为特点。

1. 依赖

一些独生子女家境比较优越，在成长的过程中被较多的人关注，从小独享家庭所有成员的爱，他们在长辈的宠爱下易形成心理上的依赖性。进入大学以后，虽然他们的独立意识逐渐增强，但还不足以令他们摆脱对于家庭的依赖。远离家乡和父母，面对新的生活环境和生活方式，有的独生子女一时难以顺利地实现角色转换、生活自理能力差、饮食不习惯、不适应集体生活等。这些问题困扰着他们，使他们出现孤独、苦闷、烦恼、忧虑、失眠、神经衰弱等症状。面对困境，他们往往出现强烈的恋家和思乡情绪，留恋原先的生活环境，严重的甚至出现退学的念头。

2. 以自我为中心

自我意识的成熟是大学生健康人格的重要标志。科学合理的自我意识表现为正确认识自我，客观地评价自己，既不狂妄自大也不妄自菲薄，自我调节和自我控制能力较强。独特的家庭环境使一些独生子女逐渐形成了自我评价较高、自我意识较强的优势心理。他们常常看不到自己的缺点，以自我为中心，唯我独尊、我行我素，凡事考虑自己的利益得失，缺乏对他人的理解、尊重和宽容，不愿接受不同的看法和意见，更接受不了批评，而且协调能力较差，稍有不如意他们就会产生强烈的逆反心理。一定程度的自我意识有助于自信心与自尊心的增强和积极人格的形成，但过强的自我意识则容易导致自私、任性、专横、攻击性强等人格缺陷，有碍身心健康。

3. 情绪控制能力弱

情绪是人对客观事物态度的体验，对情绪的合理控制对于强化动机、交流信息、发展智力及保持身心健康等都具有重要作用。一些家长对独生子女过于溺爱，这些独生子女的意志发展水平不高，遇到事情时往往不知如何处理，稍有不如意便大发脾气，易冲动、易感情用事，情绪控制能力及情绪稳定性较差，面对挫折和困难时应激反应较为强烈，容易出现紧张、恐惧、焦虑、惆怅、猜疑甚至忧郁、沮丧、悲观、绝望等不良情绪，这严重影响了其身心健康。

4. 心理承受能力差

一些独生子女成长环境较为优越，备受父母长辈的宠爱，较少经历逆境和挫折，心理上缺乏锤炼，因此其心理成熟严重滞后、感情脆弱、意志薄弱、心理承受力差、受挫感强。当考试失利、评选落败、与同学闹矛盾等不如意接踵而来时，他们从小形成的优越感就会遭受严重打击，不能进行客观的评价和分析，自暴自弃、萎靡不振，产生强烈的心理冲突，其心理与行为就会失常。

当然，在这个发展性危机中，一些独生子女看到了自己成长的动力，他们主动向学校心理咨询中心求助，并进行了自我分析与自我定位，成功地应对了成长中的挫折，在后来的大学生活中，他们逐渐调整自己的目标，并以积极的心态面对挫折，顺利地完成了大学学业。

（三）新生群体

经过了高考的洗礼，大学新生带着优胜者的微笑迈入了大学校门。他们对大学生活充满了好奇和憧憬，头脑中编织着诗情画意的梦想。然而他们并未完全意识到从中学到大学是人生的一大跨越，在这一转折点上，有很多的人生课题摆在他们面前。

大学新生大多在18~19岁之间，这一时期正是青年人生理、心理迅速发展变化的时期，身心发展极不稳定，容易受外界环境变化的影响。当最初的新鲜感和激动情绪慢慢平静、正常的学习生活开始之后，出现了“理想真空带”与“动力缓冲期”，这时他们的心理冲突加剧，很容易陷入心理危机。

1. 失落

失落是新生中较为常见的一种心理体验，新生的失落主要体现在以下两个方面。

第一，无目标感的失落。有学生形容中学生活就像在漆黑一片的隧道中赛跑，而高考就是前方那盏最明亮的灯，同学们你追我赶地向着这一目标前进，虽身心疲惫但目的十分明确，有强大的动力作支撑，生活紧张但充实。一些学生把上大学看成是自己的最终目标，一旦目标实现就松了一口气。由于大学生可自由支配的时间比较多，进入大学后，一些学生的思想随之放松，前方似乎不再有明灯，生活仿佛失去了目标和动力，他们陷入了失落和茫然中。

第二，自卑感。能从众多青年人中脱颖而出成为一名大学生，这令一些新生感到无比光荣和自豪，他们踌躇满志，颇有几分优越感。但进入大学后有些学生发现，身边的同学也是强手如林，自己只不过是沧海一粟，他们在生活、学习和人际关系方面遇到了困难和挫折，一种自卑感和失落感随之而来，其心理严重失衡。

2. 困惑

刚入大学的学生带着成功的喜悦，在内心勾画了一幅美丽的画卷。但身临其境生活了一段时间后，一些大学生产生了心理困惑，主要表现为学习困惑、人际交往困惑、角色转变困惑和性困惑。

第一，学习困惑。无论是教学方式还是学习方法，大学与中学相比都有很大区别。一些自学能力差、自律意识弱的新生难以适应这样的大学生活，表现为对学习方法、学习环境、学习自我意识以及学习计划不适应。此外，学习动机不明确也使一些新生变得较为被动和消极，他们产生了一定的心理压力，感到困惑、苦恼、迷茫和焦虑不安。

第二，人际交往困惑。离开原来的生活与交往环境，新生容易产生孤独感，再加上学习压力不再那么沉重，他们的交往需求更加强烈。然而，由于他们在中学时期人际交往面比较窄，大学的同学大部分来自不同地域、不同家庭且有着不同的文化背景，在价值观、兴趣爱好、生活习惯、语言上都有较大差异，因此一些新生产生了交往障碍，在人际交往中出现了恐惧、冷漠、孤僻、自我封闭的情绪反应，在交往时拘谨、退缩，把自己内心的感受隐藏起来，不主动与人沟通，陷入了深深的苦恼之中。

第三，对大学生行为模式的不确定性而造成的角色转变的困惑。经过高考的紧张激烈的竞争，新生进入大学后对于慢节奏的学习生活都会不同程度地出现一些不适应。有的新生感到生活失去了目标，他们面对这种自由陷入了茫然之中，不知如何管理自我、如何安排大量的课余时间。有的沉迷于网络游戏而不能自拔；有的生活懒散，精神不振；有的浑浑噩噩，得过且过。

第四，性困惑。摆脱了家庭的束缚，大学生萌动的性意识得到一定程度的张扬，但由于恋爱心理以及性意识的不成熟，很多大学生对于恋爱与学习、性与道德的关系问题比较困惑，这成为诱发大学新生心理问题的重要因素之一。

3. 依赖

在高中时期，一些同学把心思都放在学习和考试上，生活上由父母来安排，不注重提高生活自理能力，缺乏独立生活的经验。虽然大学生进入大学后，摆脱了父母的监护和老师的约束，开始独立做出决策和自由选择生活方式。但是由于社会经验缺乏和自立、自理能力欠缺，在很多时候，他们有独立的愿望但又对自己信心不足，表现出一定的依赖性。而大学的学习和生活又需要大学生独立思考、独立安排，一些自理能力差的新生因此感到束手无策，并陷入了苦恼的境地。

（四）毕业生群体

大学毕业生是大学生中压力较大的一个群体。建立自己的生活模式、规划职业生涯是毕业生刻不容缓的任务。对于他们中的大多数而言，十几年的校园生活即将告一段落，他们面临着人生的抉择，求学与求职的冲突、激烈的就业竞争、对社会的适应等课题纷纷摆在他们面前，使他们承受着较大的心理压力。其中，择业过程中种种的心理不适对毕业生的困扰尤其明显。

随着高校毕业生就业制度的改革，毕业生的就业形式由传统的计划分配转变为市场调节，双向选择、自主择业成为高校毕业生就业的主要形式。毕业生就业制度改革虽然为广大的大学生提供了公平竞争和施展才华的机会，但也给大学生带来了巨大的心理压力。自高校扩招以后，我国大学毕业生的人数持续增长，这必然带来就业环境的巨大改变，大学生已从“精英就业”的时代步入“大众就业”时代。而与之相对的是，大学生的就业期望值普遍偏高，这使一部分毕业生产生了严重的心理失衡。

此外，对自身定位不足等原因的存在也使大学生就业的心理问题激增。

1. 焦虑

三年多相对安逸的大学生活转眼结束，一些学生还未来得及多加思考，就已经被推上了抉择的风口浪尖，何去何从需要马上做出决定，于是焦虑心理油然而生。焦虑心理是毕业生在就业过程中常见的心理反应，面对纷繁复杂的社会、严峻的就业形势、激烈的就业竞争、社会需要和个人专业的矛盾、以发展为重和以待遇为重的冲突、是否能适应和胜任工作的担忧，一些大学生产生焦虑心理也是可以理解的。适度焦虑会使大学生产生一定的动力、激发自身的潜能，但过度焦虑会使他们身心疲倦、注意力分散、判断力下降、心浮气躁，这会严重影响其潜能的发挥，阻碍择业的顺利进行，甚至使其陷入心理危机中。

2. 迷茫

大学生择业中迷茫心理产生的主要原因是没有为自身进行合理的定位。在历经十余载寒窗苦读后，他们渴望在社会中找到自己的一席之地，但一些大学生不清楚自己究竟想干什么、能干什么、需要什么，对自己的专业范围、兴趣特长、实践能力缺乏正确判断，但又不能在就业大潮外停滞观望，只好盲目地随着人流乱闯，因此免不了四处碰壁。有的学生一味追求高待遇，向经济发达地区、中心城市和热门岗位靠拢；有的受周围同学影响，人云亦云、盲目从众；有的则抱有严重的依赖心理、缺乏主见，在机遇面前顾虑重重，不能主动地参与就业市场的竞争，寄希望于学校或家长，使自己在就业中处于劣势。这些最终导致一些大学生与适合自己的用人单位失之交臂。

3. 自负

自负心理表现为自我评价过高。部分大学毕业生因所学专业稀缺或就读学校为重点学府，而认为自己知识和综合素质都出类拔萃，产生了一种高人一等的自负心理，自我预期过高，只看到自己的优点，看不到自己的不足，好高骛远、眼高手低。有的学生频繁违约，“这山望着那山高”，有很多机会却不知取舍，不切实际地追求高职位、高工资，最后很有可能错过适合自己的职位。

虽然一部分大学生认识到了当前就业形势的严峻，但在实际找工作时不愿下基层，对职位、工资水平要求过高，这种心态导致的人才供需错位是阻碍大学毕业生正常就业的重要原因。

4. 盲目攀比

由于个人的兴趣、能力等有所不同，所以职业选择中没有很大程度的可比性，但部分毕业生争强好胜、虚荣心较强、嫉妒和攀比心理严重，他们唯恐自己不如别人，一旦感到自己的单位和工作岗位比别人差，心理就很不平衡，产生抱怨、憎恨、愤怒等复杂的心理，主动放弃自己已选择的单位，甚至想方设法违约，缺乏诚信意识。

另一方面是攀比心理所导致的。一些大学生在这种不断的攀比和权衡中一次次丧失机会，因此贻误了就业良机。在求职中，虽然一些大学生把“发展空间”列为择业的第一选择，但当其看到周围同学比自己的薪水多时，在攀比心理的作用下，毁约也就变得顺理成章了。在招聘会上我们会看到一部分应届大学毕业生已经签了工作合同，却仍然“勤奋”地四处投递简历。

5. 自卑

自卑心理在毕业生求职中也较为常见，一般多见于性格内向、成绩平平或冷门专业的学生。面对激烈的就业竞争，他们对自己的知识和能力水平评价过低，缺乏竞争的勇气，不能从容面对用人单位的考核。他们在求职时一旦受挫，往往就会悲观失望、意志消沉，对自己失去信心，甚至对未来的求职抱有恐惧心理。自卑使一些毕业生羞于展示自己，有碍于自身聪明才智的正常发挥，过度的自卑还会造成精神不振、心理扭曲等现象。

（五）学业困难学生

与小学、中学教育相比，高等教育更为提倡以学生素质的全面提高为培养目标的教学方式，但就目前状况来讲，学业成绩仍然是评判大学生优秀与否的重要砝码，竞选、评优、免试研究生、求职等无一不与学业成绩挂钩，成绩不良意味着重修、补考甚至退学，这就使学业困难学生成为大学校园一个值得关注的弱势群体。

以往对学业困难者的研究多集中于中小学生，针对大学生的研究较少，但近年来大学生中频频发生的由于学业成绩不良而导致的负面事件引起了我们的注意，关注学业困难学生的心理问题刻不容缓。

一般说来，高校的学业困难者群体大致可分为六类。

第一类是学习动机不足或缺乏的学生，这类学生普遍认为考上大学就完成了自己的使命，学习靠外在动机的驱动，如父母的期望、教师的督促等，上大学后不愿再为学习而付出努力、得过且过。

第二类是来自西部、贫困地区和老少边区的大学生，这部分学生与其他地区的学生相比底子薄、基础差，学习刻苦努力，但成绩不明显，在基础课如数学、英语学习方面尤为突出。

第三类是对所学专业兴趣不足者，这部分学生对所学专业缺乏兴趣，厌学心理严重，对专业学习不感兴趣，最终导致学业失败。

第四类为学习方法不当者，这类学生是大学学习的不良适应者，始终找不到适合自己的学习方法。

第五类是沉迷于网络游戏的学生，这部分学生自制力差、整天萎靡不振，因此耽误了学业。

第六类为学习能力不足者。

总的说来，学业困难学生具有以下心理特点。

1. 自我怀疑与否定

美国学者罗杰斯认为，自我概念是“一套有组织、有连贯性的对自己的观感”。心理健康的个体具有良好的自我认同感、能够自我悦纳、自我存在感和价值感较强。而学业困难学生由于长期不良的学习成绩及周围环境评价对其产生的消极心理暗示，其行为动力系统出现了严重的角色偏离，他们不能完全接纳自己，对自我产生怀疑和否定，自卑心理严重，很容易陷入存在性危机中而无法自拔。

2. 心理冲突加剧

学业困难学生普遍存在强烈的心理矛盾和冲突，一方面，他们迫于家庭的期望、学校的要求和社会的压力，会产生很强的上进心理，渴望成为出类拔萃的人才；另一方面，意志力不强等各种主客观原因的存在又使他们感到无力摆脱目前的状况，于是终日得过且过、消极倦怠。这种不稳定的心理状态使他们很难承受外界刺激，容易陷入心理危机中。

部分学生是“双困生”，学业困难、经济困难，双重的压力更易导致强烈的心理冲突和问题行为。

3. **强烈的疏离感**

学业困难学生常常游离于班集体之外，评优、入党、受表彰等都因不良学业成绩而受阻，这种“边缘人”处境使他们自我保护意识强烈，在内心形成“反控制”心理，对外界抱有谨慎与警觉的态度。当不良学业成绩遭遇外界生活事件，且缺乏良好的社会支持时，更容易引发心理危机。

值得关注的是，大学生学业问题的背后往往隐藏着深层的心理问题，因为学业失败这一结果背后有着不同的原因。学业在大学教育中承载着太多的意义，就业、升学、家庭期望、个人自尊等，学业失败带来的羞耻感与失败感会加剧心理危机的发生，因此其必须引起足够重视。

（六）有心理问题的学生群体

毫无疑问，有心理问题的学生是心理危机的高发群体。一般而言，多数大学生的心理问题是发展性的，与大学生的学业发展、个性塑造、品质培养、社会适应等有关，这类问题会随着大学生的成长而自愈。少数是障碍性的，如神经症、人格障碍等，这些需要专业的心理治疗。还有一类介于正常心理与异常心理之间的过渡性问题或边缘性问题，这些问题可以通过心理咨询得以解决。

第三节 大学生心理危机产生的原因

作为知识水平相对较高的大学生，其整个活动系统是由以世界观、人生观、价值观为核心的认知、思想、行为构成的综合系统。大学生的某些行为偏差正是由于以心理、思想、认知、情感、意志为核心的思维认知系统和其行为系统在某些方面出现问题所造成的。

一、大学生自杀意念与自杀行为产生的原因

（一）认知偏差是大学生自杀意念产生的关键

认知偏差是指歪曲形态的认知，是对其他事物和现象具有偏执于某一端的、不合于客观实际的认识。认知之所以对大学生思想、行为的出现起关键性的作用，是因为外部应激因素对大学生的影响主要是通过他们对这种刺激的解释和态度间接发生作用。

1. 认知上的自我中心主义

自我中心是指主体在思考问题或进行判断时受自己需要和情感强烈影响的倾向。在个体发展过程中会出现两次自我中心时期：第一次在婴儿期，第二次在青少年时期，即主观的自我中心阶段，成人感日趋增强，对各种事物有自己独立的见解，希望别人尊重自己的意见，并处处表现出与众不同。他们虽然能分清现实与想象的区别，了解和考虑别人的思想，却不能明确区分自己关心的焦点与他人关心的焦点的不同，并非常在乎别人对自己的看法和评论，认为别人也像自己一样非常关心和关注他们。一些大学生是同龄人中的佼佼者，因此往往有强烈的表现欲，有强烈的维护尊严的愿望，一旦遇到考试失利、恋爱失败、人际交往受阻等挫折时，这种自我中心感往往会受到打击，从而产生消极的情绪体验。

2. 思维中的完美主义

大学生思维活跃、想象力丰富、充满激情，在做事之前心中往往已经设定了某种理想的状态和目标，对未来的生活和工作充满期待，力图塑造完美的自我。年轻人追求上进、崇尚美好本无可非议，但若将这种追求绝对化，那就容易陷入完美主义的误区。

某些大学生潜意识中往往会有这样一些非理性的想法："我必须表现良好，这样才能引起注意、得到认同，否则我会被人遗忘，变得没有价值""我必须尽自己最大的努力，在学校和其他地方都必须显示自己的能力，如果我的表现差，就证明我没有能力"……诸如此类的想法往往会使他们陷入过分追求完美的误区，产生强迫倾向，即使偶尔的失败也会使其对自我能力产生怀疑，产生自卑、焦虑的情绪。

3. 绝对化的思维模式

由于生活经验缺乏、思维水平较低，这种僵化的思维方式在年轻人中较为常见。绝对化的思维模式是指一些青少年在思考问题时常以某种绝对的"必须"和"应该"取代理性的思维，从个人的主观愿望出发，对自己、他人或这个世界抱有必定是什么状况的想法，如"我必须成功""她应该尊重我""事情应该按我的愿望发生"。当他们感到这个世界没有按照他们的要求来运转时，其情绪就会失衡。一旦遇到挫折或不如意的事，就很难调整自己的目标，对问题、对人、对事易持有偏激的想法，并由此导致情绪上的偏执，使自己被某种负面的情绪所淹没。

4. 片面化的认知模式

大学生正处于人生观、世界观的形成时期，还没有建立完整的思维体系，在认识事物时往往容易犯片面化的错误。认知模式的片面化是指某些大学生对某些事物往往不能进行全面的观察和分析，而只从某一角度出发，只注意某一方面的信息，从而产生某种片面化的认知结果。这种以一两件事来评价自身价值的认知方法往往会引起强烈的挫折反应，使其自暴自弃。有的年轻人在认识事物时常常犯片面化的错误，常把目光聚焦在问题上，只注意负面信息，把问题夸大，一叶障目，从而忽略了生活中的其他领域。结果问题成了他们生活的全部，使他们的生活观念变得扭曲。

5. 夸张化的消极评价和想法

思维体系的不健全和处事经验的缺乏往往使大学生对于某些诸如升学、就业等对自身关系重大的事情过分关注，加之对自身能力不能正确认识和评价，就造成了认知方式上的又一错误倾向——夸张化。表现为对自己、他人和世界持有消极看法。例如，有人可能会说，“如果我得不到周围人的赞扬就太可怕了”“如果我考不上重点大学将来肯定没有发展前途”。事实上，他们对事情的后果是不确定的，但会把它们想象成令人畏惧、非常糟糕，甚至是灾难性的结果。这种信念会导致个体陷入严重的不良情绪中，如耻辱、悲观、抑郁等。没有事实依据的夸大化的自我否定是导致悲剧酿成的重要原因。

（二）情感障碍是大学生自杀意念强化的基础

调查研究显示，情感变量与大学生的心理健康水平有着密切的关系。正向情感越多，快乐感越多，心理健康水平就越高。日常生活中的负向情感如果得不到及时疏导和调节，就容易发展成情感障碍，这对心理健康会产生不良影响。

一些青年大学生正处于个体身心发展的剧烈变化时期，心理尚未成熟，面对诸多人生选择、各种矛盾和诸多欲求，他们感情丰富但情绪不稳定，经常体验到失望、痛苦、悲伤、悔恨、激愤等负性情绪和严重的挫折感、不满足感，而其心理又不成熟、情绪波动大、缺乏应对挫折的能力和技巧，其产生的心理问题和负性情绪往往不能及时排解，以至积淀下来形成各种情感失衡的情形。自杀即是情感危机的一种突出表现。情绪化问题或情感障碍已经成为困扰大学生心理，阻碍其身心健康发展，甚至导致自杀意念进一步强化的重要因素，因此必须对其进行深入剖析。

1. 抑郁

抑郁指一种持久的情绪低落状态，是大学生常见的情感障碍问题。一些大学生会因为学习问题、交友问题、家庭意外事件等刺激而产生较重的心理负担，他们无力承受由此带来的压力而出现负性情绪反应。

抑郁情绪一般表现为闷闷不乐、愁眉苦脸、沉默寡言等，对学习、工作及生活失去兴趣，丧失主动性、反应迟钝、无精打采、拒绝交流、回避朋友，深感所处环境的压力，经常心烦意乱、郁郁寡欢，并伴有食欲减退、失眠等不良反应。长期处于抑郁状态会使其意志衰退、情感冷漠，甚至导致抑郁性精神症的出现，严重者会产生轻生念头、采取过激行为。研究表明，自杀未遂的大学生中，有 35%~79% 被诊断为有抑郁性心理问题，可见抑郁是导致青少年自杀的重要原因。

2. 自卑

自卑是一种消极的自我评价或自我意识，是人格的一种不平衡状态。一般说来，个体或多或少有过这种消极情绪。有些大学生对自身能力或价值评估过低，看不到自己的长处和优势，在学习、生活中总觉得自己不如别人，抬不起头来，并且认为自己得不到别人的尊重，终日忧虑不安，抑郁沮丧甚至自暴自弃。如果长期处于强烈的自卑感之中，心理就容易失衡，在外界的某种刺激下容易产生自杀意念。

3. 空虚

空虚是一种消极无聊的情绪体验，反映了一种消极的生活态度。生活态度对人的健康成长有着至关重要的影响。积极的生活态度能使人振奋、乐观、积极向上、豁达、宽容、富有爱心等。相反，消极的生活态度会使人丧失意志，变得沉闷、孤僻、冷漠。

4. 悲观

悲观表现为个体带着消极的心理观察社会和对待人生。年轻人总是对自己的学习、工作和生活充满希望，但理想和现实的差距有时会使他们陷入失望之中。关键是能否以积极的态度对待差距、走出失望。有些大学生由于性格上的原因，如忧郁、沉闷的性格特质，陷入了某种失望之中且不能及时地宣泄和释放消极情绪，从而使自己时常处于一种延长了的消极情感体验之中，久而久之容易形成待人处事上的悲观心态。有些人无法走出不良情绪的恶性循环，失去信心，甚至悲观绝望。

美国临床心理学家贝克认为自杀者的期望是消极的，他们常常歪曲本身的体验，只预期最黯淡、最悲观的后果。这种悲观的态度往往带来失望感，最后发展成绝望。

（三）意志薄弱是大学生自杀行为产生的催化剂

意志是自觉地确定目的并根据目的来支配和调节自己的行为、克服各种困难，从而实现预定目的的心理过程。在人们的认识和行为过程中，意志品质起着重要的作用，它实际上体现了认识参与到行为之中的一种能动作用。在具备了良好的动机、目的的前提下，行为的产生、执行需要意志品质的作用，从良好的行为的准备阶段到执行阶段，从行为方式的训练到行为习惯的养成，这些都离不开意志的持续作用。

概括而言，意志品质的作用有两个方面：一是按照科学的规范要求，在经历内心冲突后，以正确的动机、目的战胜非正确的动机、目的，自觉确定正确的行为目的；二是积极调节自己的心理活动，排除内部障碍、外部困难，执行由动机引发的行为决定，努力实现既定的目标。

大学生是一个承载社会和家长高期望值的特殊群体，在实现目的的过程中，必然会遇到这样那样的困难，如发展的压力、竞争的压力、学习的压力、就业的压力、情感的压力等，而人的意志品质正是在克服困难的过程中体现出来的，一个人有了坚强的意志力后就会克服困难、健康成长。

大学生在意志品质方面还存在一些缺陷。这一方面是大学生自身原因造成的，大学生正处于生理和心理发育的高峰期，正处于世界观、价值观的形成阶段，自我意识和社会化程度有待进一步提高，另外大学生生活经历单一，缺少艰苦生活环境的考验和磨炼，这就使得他们在面临各种现实问题时显得无所适从，缺乏必要的心理准备和应对技巧。另一方面，长期以来，教育体制中的弊端，如忽视意志品质的培养，也是造成一些大学生意志薄弱的重要原因之一。大学生意志品质方面的缺陷所带来的种种问题，已经不可否认地摆在我们面前。部分学生缺乏刻苦磨炼和战胜困难的勇气、缺乏毅力，一旦遇到困难和挫折就束手无策，往往以逃避、抱怨的态度去对待。

（四）行为偏向是大学生自杀行为实施的决定性因素

一些大学生独立性较强，人生观、价值观多元化，心理素质差，在行为上往往表现出一些非理性的行为倾向，易情绪化。大学生在形态、机能、身体素质等方面的发育基本完成，正在逐步成熟。由于这些因素，“大学生的活动能量加大，新陈代谢特别旺盛，喜欢从事激烈甚至刺激的活动。而性激素分泌旺盛，又会通过反馈增强或减弱下丘脑（情绪的定位部分）的兴奋性，大脑皮层的调节作用一时还不能适应这种情况，因此在皮层和皮层下出现了不平衡状态，影响了青年的情绪”，这使得一些大学生情绪比较冲动，在行为上表现为非理性倾向，时常超出自控能力的控制范围。

自杀是大学生非理性行为倾向的表现形式之一。行为上的非理性倾向和情绪上的冲动性特质使一些大学生在遇到问题、挫折时，不能冷静思考而采取冲动性行为。自杀往往都是冲动的。一项调查表明，年轻人的自杀未遂行为中，绝大部分是冲动性自杀。生命是宝贵的，生命是美丽的，生命是值得赞颂和尊重的，“维持并珍惜生命是善，而破坏或阻止生命是恶”。

二、大学生心理危机的主要刺激源

（一）公共危机事件

随着社会经济的快速发展和改革的不断深化，自然灾害、事故灾难、公共卫生、社会安全等公共危机事件时有发生。高校公共危机事件也时有发生，高校公共危机事件对大学生的生命安全、心理安全和财产安全构成了很大的威胁。

（二）个体危机

个体危机指个人针对自己的自杀、自毁、药物滥用以及精神疾病等。高校自杀事件在提醒和告诫家长、教师、学校和社会，学校应该加强学生心理健康知识教育，提高心理危机干预水平。

（三）急性精神创伤

如遭遇暴力、父母患病、亲人亡故、同学死亡、滥用药物、车祸等。

（四）毕业生心理危机

毕业生的求职过程会促使其快速成长，这意味着他们要不断地打破自身的心理平衡状态，寻求新的平衡和发展。面对纷繁的职场，他们会经历求职过程中必然要经历的心理危机，个人的求职和毕业是否顺利都可能随时引发他们的心理危机。毕业生心理危机通常是由于一定的负性事件的产生或出现引起的，因此我们将毕业生可能遭受的负性事件进行了简单的归类。

就业类：因求职屡次遭遇挫败而心理压抑。

学业类：毕业生因没有学位证和毕业证而影响就业和发展前途。

情感类：毕业期间失恋、单恋、被误解、被朋友欺骗等。

其他类：毕业期间身体患病、家庭变故、不能还清学费和贷款等。

（五）理想与现实的落差

在一些高中生心中，大学是一座美好无比的象牙塔，其最大的愿望就是跨入大学的校门，对大学的期望值很高。高等教育大众化的趋势使他们无法回避竞争，就业竞争使大家面对新一轮的学习压力。一些大学生对条件艰苦的大学生活缺乏准备，因此产生了强烈的失落感。

（六）学习的不适应

学业压力、学习方法的不适应、外界及自我对学业的过分期待、学习成绩不佳、考试及“考证热”等学业问题等成为大学生心理危机的主要应激源。

（七）生活的不适应

进入大学后，许多同学是第一次过集体生活。由于大学生活的性质和宿舍空间的限制，集体中的每个人都有各自的习惯，有人会产生一种不可名状的焦躁感，个别同学对宿舍生活产生厌烦心理和抵触情绪。一些独生子女平时一切都由父母打理，离开父母后，生活中的种种问题突然摆在他们面前时，往往找不到解决的途径。有的学生甚至没有基本的生活自理能力，这容易使他们的心理严重失衡。

（八）人际关系的不适应

大学生有着强烈的人际交往需求，并对其抱有较高的期待，但由于缺乏建立良好人际关系的技巧和经验，而使期望与现实产生强烈反差。陷入朋友间纠纷、被朋友误解、与朋友闹矛盾等问题始终困扰着大学生。有的学生感觉到大学里人与人之间的关系不像高中时那样单纯，功利色彩多了一点，心里话不知和谁讲，就闷在心里；有的学生希望与人交往，但又认为自己没有交往能力；有交往活动的学生产生矛盾又不知如何解决。

（九）恋爱问题

一些大学生由于对爱情的不恰当认知和预期而给自己带来了很多心理压力。爱情是什么，爱情与学业、爱与性的关系等成为大学生思考的主要问题，而恋爱受挫更成了大学生心理危机的主要来源。

（十）内心应激源

大学生的个性和价值观等还未完全定型，对人生和社会的问题认识不清，内心常常会产生各种各样的矛盾，如封闭性与开放性的矛盾、独立性与依赖性的矛盾等，这些心理矛盾的存在常常会诱发大学生心理危机的产生。

（十一）心理疾病

有些学生患有严重的心理疾病且心理和行为出现异常，如患有抑郁症、强迫症、焦虑症、精神分裂症等。

（十二）经济压力

学费和高等学校扩招带来的就业压力，对于家庭经济困难的学生来说，既是巨大的经济压力，又是沉重的心理压力。有些学生生活比较艰苦，他们有很强的自卑感，交往时容易退缩，有的人因此产生心理障碍，一旦受到打击就会引发更大的心理危机。一些家庭贫困的学生在求学时四处打工赚钱，势必会牺牲更多的学习时间，造成学习上的心理压力。

（十三）生理因素

自身容貌缺陷和生理疾病等。

三、危机产生的条件

心理危机的产生是应激源和个体易感性共同作用的结果。我们所处的内、外环境是不断变化的，而我们的机体也在不断地进行自我调整，以适应各种变化而保持平衡。

正所谓“天有不测风云，人有旦夕祸福”，我们总会面临一些无法应对的情境，大到海啸、洪灾、空难、地震，小到失恋、考试不及格、竞选班长失败等。或许某一天我们会突然问自己：人生的价值何在？我的存在有什么意义？面对种种诱发我们心理不平衡的应激源，有的人因此而陷入心理危机，但有的人则很快从危机情境中解脱出来，镇定自若、轻而易举地找到了解决问题的途径。

为什么面对同样性质、同样强度的应激源，每个人的反应会如此不同呢？这就涉及个体易感性的问题。实际上，危机仅仅是个体的一种主观感受，因此某一事件是否会让我们陷入危机主要取决于我们对事件的认知，而认知又在很大程度上受到人格特质、个人经验、受教育程度等因素的影响。

（一）应激源因素

1.自然因素

自然灾害是指由战争爆发、自然灾害、疾病传播、恐怖袭击等不可抗力造成的创伤性事件，这些突发的创伤性事件会对人的心理产生很大的冲击。

2.社会转型期的压力

我国正处在一个由计划经济向市场经济体制转轨的时期，以往的生活方式、价值观念、评价体系、利益关系、行为模式等正发生着巨大的变化，这种变化对社会成员的心理造成了一定的影响。

首先，市场经济呼唤人的主体意识，承认个人利益的合理性，鼓励积极竞争和个人的全面发展，要求人们锐意进取、开拓创新，农业社会传统的安贫乐道、知足常乐的观念毋庸置疑地受到了挑战。面对这种变化，如何处理自我与他人、个人与社会、理想与现实，合作与竞争等关系是个体必须直面的问题。

其次，随着我国对外开放向纵深发展，西方文化思潮和价值观念渗透到社会生活的方方面面，互联网的普及使得个体越来越暴露于多元文化与价值观的冲击之下，功利主义、利己主义、消费主义、享乐主义等正在滋生蔓延……原有的价值观受到冲击，甚至受到怀疑和否定，新的价值体系还未完全确立，有些个体陷入了一种无以参照、无以归附的境地，很容易产生心理失衡。

最后，转型期竞争机制的引入、各种利益关系的调整、高等教育模式的改革等使得每个社会成员特别是大学生面临着很大的压力，大学生既要面对自身成长带来的冲突与压力，还要应对社会带来的变化，职业选择、学业压力、经济负担、情感纠葛等都容易引发心理危机。

3.个人生活事件

生活事件就是日常生活中面临的各种各样的变动。生活事件不仅是测量应激的方法之一，也是预测身体和心理健康的重要指标。当一个人在一定时期内连续遭遇多种生活事件时，其身心健康往往容易受到损害。

4.内心应激源

一般认为，给人心理造成冲击的应激源都是外来的，如突发灾难、生活事件、工作和学习压力等。但实际上，应激源也可以源于个体内心，如个体的虚无感、内心冲突和矛盾等都有可能引发心理危机。其中，由于内心冲突所引起的心理危机较为常见。在现实生活中，人们常常会同时产生两个或两个以上的动机。如果这些并存的动机不能同时获得满足，并且在性质上又出现彼此相互排斥的情况时就会导致动机冲突的心理现象。

丰富多彩的大学生活和社会转型期带来的大好机遇，在为大学生的全面发展提供了有利条件和广阔天地的同时，也给他们带来了选择的冲突。心理冲突是大学生中普遍存在的一种心理状态，主要有四种形式。

一是双趋冲突，又称正正冲突，指对个体同时存在两个具有同样吸引力的目标，而两者又不可兼得、难以取舍的心态。双趋冲突是大学生中最常见的一种心理冲突。当两个目标都符合需要并且有相同强度的动机，但又“鱼和熊掌不可兼得”时，就出现了难以取舍的冲突。例如，有的大学生在先升学还是先就业的问题方面总是举棋不定、难以取舍。

二是双避冲突，又称负负冲突，指同时有两个可能对个体具有威胁性、不利的事发生，两种都想躲避，但由于条件限制只能避开一种、接受一种，因此在做抉择时内心产生了矛盾和痛苦，如前有狼后有虎的两难境地。又如，有的大学生既不想用功读书，又怕考试不及格，于是产生了“二者必居其一”的心理冲突。

三是趋避冲突，又称正负冲突，指同一目标对于个体同时具有趋近和逃避的心态。这一目标可以满足人的某些需求，但同时又会构成某些威胁，既有吸引力又有排斥力，使人陷入进退两难的心理困境。例如，大学生既想担任学生干部使自己得到实际锻炼，又怕占时太多而影响学习的这种两难选择。

四是双趋避冲突，又称双重正负冲突，指同时有两个目标，存在着两种选择，但两个目标各有所长、各有所短，使人左顾右盼、难以抉择的心态。比如，择业时有两个单位可供选择，而每个单位又利弊相当，这时就有可能因举棋不定而陷入双趋避冲突中。

动机冲突常使一些大学生感到左右为难，使其内心产生激烈的冲突和焦虑不安的情绪。随着社会的发展，大学生选择的自由度将会越来越大，而由此带来的心理冲突也必然增加。今天的大学生选择的自由多了，因此他们必然要承担选择带来的责任与心理压力。机会多了，选择多了，压力与困惑也多了，心理危机发生的概率也提高了。

（二）易感性因素

1. 人格特质

人格也称个性，是个人对现实的态度和行为方式中表现出来的稳定的心理特征。一般而言，人格主要包括气质和性格两部分，气质是与生俱来的，而性格是在后天的环境中养成的。

①气质。气质是指个体表现心理活动的强度、速度、灵活性与指向性的一种稳定的心理特征。气质有四种类型：胆汁质、多血质、黏液质、抑郁质。这四种类型之间本身并没有优劣之分，但每种气质都有其自身的弱点，其中胆汁质和抑郁质这两种气质的人较易产生心理危机。胆汁质的人往往性情急躁、情绪易于激动、做事冲动、容易产生过激行为；而抑郁质的人比较敏感、孤僻、不善与人交流、情感体验深刻、厌恶感强烈，在困难面前常常怯懦、自卑、优柔寡断，挫折承受力低，容易走进死胡同。

②性格。性格是个人在现实活动中表现出来的稳定的态度和习惯化的行为方式。情绪型性格的人情绪体验比较深刻，行为容易受情绪所左右；内倾型性格的人感情含蓄、处事谨慎，但交际面窄、适应性不强；顺从型性格的人独立性较差，在紧急情况下容易惊慌失措。性格与气质是个性密不可分的两方面，但气质更多的带有先天性、无好坏之分；而性格更多由后天社会生活塑造而成。

2. 认知方式

认知是个人对自我以及对周围环境的认识。对应激事件的认知和主观感受在个体应对危机的过程中起着重要作用，对事件的不同认知会产生不同的反应。刺激源能否对个体构成危机主要取决于个体的认知，如果个体对事件的认知是科学的、切合实际的，那么其就更能抓住事件的本质，并采取适当的应对方式；但如果一个人的认知习惯失当，那么在面临外来应激时，其罹患心理疾病的可能性就较大。

拉泽鲁斯指出，认识过程中的重要成分——评价是决定个体采用何种应对手段的关键所在。当一个危险情况存在时，人们的第一个反应就是评估危险对个体命运和利益的影响结果。之后，对自己所掌握的控制这一危险的可选择范围和可能达到的有益结果做出评价。在评估的过程中，如果对现有应对手段的使用所产生后果的判断过于乐观或悲观，那么个体就倾向于运用心理防御机制去压制或扭曲实际的状况。如果对事件的知觉是扭曲的，事件与压力感之间的关系难于被认知，那么试图解决问题也是不可能的，紧张感会继续存在。

3. 应对机制

应对机制是当个体受到实际或想象中的威胁时为维持心理平衡而采取的调整反应。人们在危机情境中会采用各种各样的应对机制，包括逃避、合理化、退缩、攻击、升华、表同、转移、投射、压抑等。这些防御机制中有建设性的，如升华、表同等，它们可以帮助个体解决困难、顺利渡过危机；有消极的，如攻击、压抑、退缩等，这些消极的防御机制虽然暂时从表面上缓和了个体的内心冲突，但并没有从根本上解决问题，反而会为心理危机的发生埋下隐患。但不论是积极的还是消极的，都在客观上减轻了个体的急性应激反应，对于维护个体的心理平衡起到了重要的作用。个体在不同的危机情境中应采用不同的应付对方式，如果应对机制比较单一或多采用消极的应对机制，则不利于问题的解决。

4. 社会支持系统

社会支持系统是指个人可用于整合以充实应对资源的社会联系。大学生的社会支持系统包括家庭、同学、老师、邻居、朋友、学校各级组织等。社会支持系统可以提供给个人的帮助有情感支持、具体任务协助、信息的获取和反馈、陪伴等。个体如果没有一个密度较高的社会支持网络，就容易陷入心理危机而难以自拔。大学生社会支持系统对大学生渡过心理危机起着非常重要的作用。

5. 其他因素

除了以上所谈到的个体的人格特质、认知方式、应对机制、社会支持系统这四大因素之外，易感性因素还包括个体的生理条件、过往的危机经历、适应能力、挫折承受能力、价值观、自我意识等。生理条件是指个体天生的身体素质、健康状况等，身体健康、精力旺盛的人应对危机的能力相对较强，反之，则较弱。此外，既往危机经历较丰富、适应能力较强、挫折承受能力较高的人容易渡过危机，反之，便容易陷入危机。

第四节　大学生心理危机的识别与评估

心理危机的识别与评估是危机干预的一项重要工作。当我们知道心理危机的一些规律、征兆以及表现特征时，就能预判出哪些人需要帮助、哪些人可以自己扛过去，这样将有效预防严重危机事件或自杀事件的发生。

一、大学生心理危机的规律

大量研究表明，大学生的心理危机有其发生发展的特定规律。

首先，从季节上看，每年春季和岁末年初是抑郁症、精神疾病的高发期，自杀率会上升。

其次，从学年阶段看，第一年由入学适应不良、专业学习困惑、人际交往引发的心理问题较为常见；第二年至第三年由学业压力、情感与恋爱、人际关系、自我发展引发的心理问题较多；第四年由就业压力、择业困扰、遭遇挫折引发的心理问题较多。

二、大学生心理危机的早期识别

认识掌握心理危机的发生规律、早期征兆，细致观察学生的言语、身体、性格、行为等反常表现，能对学生心理危机的爆发做出预判。

（一）从宏观方面来说，要特别关注特殊群体的心理状况

①观察单亲家庭、孤儿、特困家庭学生，在患病、失恋、遭遇挫折和家庭重大变故时，情绪和行为有无反常。

②有抑郁心理、孤僻性格、人格缺陷、自卑心理、抑郁症、精神分裂等精神疾病的学生。抑郁心理与孤僻性格往往与人格发展、早期经历不良等因素有关；自卑心理往往与自身缺陷、自我期望过高或过低等因素有关；有人格缺陷的学生自我中心感较强、比较自私、易偏执；而抑郁症和精神分裂患者的心理问题已经危机化了，并且都有可能产生极端行为。

③通过心理普查筛查出高危对象。

④有生理疾患、有学习和就业压力、情感受挫、自我期望值过高的学生等。

（二）从微观方面识别大学生的心理危机

1. 情绪是判断心理是否健康的重要标准之一

当大学生的情绪突然改变、行为明显不同于往常，并出现不良情绪反应，如情绪低落、悲观失望、焦虑不安，无故哭泣、意识范围变窄、忧郁苦闷、烦恼或喜怒无常、自我评价过低、自制力减弱等消极情绪时，就有发生心理危机的可能。

2. 正常的行为活动是一个人心理健康的重要标准之一

当大学生出现行为异常，如饮食、睡眠出现反常、个人卫生习惯变坏、不讲究修饰、自制力丧失、不能调控自我情绪、出现孤僻独行等非常态行为时，就要注意其是否有心理问题了。

3. 正常、有效、良好的学习能力是个体心理健康的前提和标准

当大学生在智力正常的情况下突然出现学习兴趣下降、丧失学习功能时，如上课无故缺席、常迟到早退、成绩突然下降，且根本无法进行正常的学习和听课等情况时，其心理状态就出现了问题。

4. 丢弃或损坏个人平时十分喜爱的物品也是十分典型的识别根据

如果个别大学生不能正常有序地学习和生活，把自己平时很喜欢的东西随意丢弃或毁坏等，那么就意味着不正常的心理行为产生了，这是心理障碍达到危机程度时才会出现的情况。

三、自杀危险性的评估

（一）危险因素

如果学生无论何时具备了下述的4~5项危险，就有理由认为该学生正处在自杀的高危时期。

①有自杀家族史。

②曾有自杀未遂史。

③已经形成一个特别的自杀计划。

④学生的家庭因受到损失、遭受暴力事件或性虐待而变得不稳定。

⑤陷入特别的创伤损失中而难以自拔。

⑥是精神病患者。

⑦有药物和酒精滥用史。

⑧最近有躯体和心理创伤。

⑨有失败的医疗史。

⑩独居并与他人失去联系。

⑪有抑郁症，或处于抑郁症的恢复期，或最近因抑郁症住院。

⑫有特别的行为或情绪特征改变，如冷漠、退缩、隔离、易激怒、恐慌、焦虑或社交障碍、失眠、学习和工作习惯改变。

⑬有严重的绝望或无助感。

⑭陷于以前经历过的躯体、心理或性虐待的情绪中不能自拔。

⑮有一种或多种深刻的情感特征，如愤怒、攻击性、孤独、内疚、敌意、悲伤或失望。

（二）自杀线索

深陷矛盾或内心冲突中的大多数自杀者不仅会提供一些自杀线索，还会以某种方式请求帮助。这些线索可能是言语的或行为的，处于某种状态或综合征的线索。

有自杀倾向的大学生一般具有以下一些特征：遭遇了不能忍受的待遇；遭遇了无法承受的挫折；在情感上感到绝望无助；对自杀的态度通常是矛盾的；想与别人交流但找不到与人交流的途径；为了寻找出路和心灵的解脱。

（三）呼救信号

值得庆幸的是几乎所有想自杀的人都提供了几种线索或发出了呼救信号。有些线索和寻求帮助的信号易于识别，但有些是难以识别的。按照施奈德曼及他的同事的说法，没有任何人百分之百想自杀。有强烈死亡愿望的人是非常矛盾的、茫然的，想抓住生命。他们的情绪和他们的想法是平行的。他们的思维模式是非逻辑性的，他们只看到两种可能的选择：痛苦或死亡。他们尤其不能想象自己还能得到幸福、还能走向成功。

另外，危机干预理论认为，在人体内生的本能与死的欲望同时存在，自杀的过程就是生死冲突的过程，如果死的欲望占据上风，则自杀行为在所难免。外界对自杀企图者的帮助在于强化其活下去的力量。

在大多数情况下，某个人试图自杀是有先兆的。据美国防止自杀基金会的数据，自杀的人中有 20%~50% 在自杀前有过类似的自杀先兆。因此，了解大学生的自杀企图是自杀识别的关键，也是做好自杀预防与干预的前提。

了解下面描述的这几个方面的自杀警示信号，高校教师或其他任何与有自杀危险性的学生接近或亲近的人就能做好挽救生命的准备。

①情绪明显不同于往常，焦虑不安、无故哭泣。

②不愿与人接触，与集体的关系不融洽，或过分注意别人。

③无故上课缺席、迟到或早退，成绩骤降、想退学。

④心情抑郁、食欲不好、失眠。

⑤对生活麻木、缺乏热情的人自杀前会像突然变了个人似的，以前的孤独感、恐怖感好像全消失了。

第五章　大学生心理危机干预

在当今社会变革、人才竞争和素质教育的社会背景下，大学生面临的各种压力有所增加，由此引发的心理问题日益增多，大学生心理健康问题已引起了社会各界的高度重视，对大学生的心理危机进行有效的干预，已成为高校学生工作的当务之急。

第一节　危机干预理论探源

心理危机干预理论最早产生于美国、荷兰等国，在近二三十年发展迅速。20 世纪 70 年代初，危机干预已正式成为世界卫生组织的研究课题，在许多国家，危机干预是社区和大学心理卫生保健的重要部分，在处理社会心理应激和预防疾病方面发挥着积极的作用。

一、危机干预的概念和目标

（一）危机干预的概念

危机干预又称危机介入、危机管理或危机调解。林传鼎主编的《心理学词典》把危机干预定义为社区精神卫生的具体措施之一，以简短的急诊或访问形式改善可能导致心理障碍的各种条件。危机干预的主要目的是改变现实环境，但也关注人际关系和当事人内心的各种情感问题。其他辅助治疗方法，如家庭、个人、小组心理治疗及药物治疗方法等都可在短时间内采用。

危机干预的概念最初来源于林德曼和卡普兰的工作，指化解危机并告知其如何应用较好的方法处理未来的应激事件的治疗过程。

稻村认为，危机干预是对于面临着危机的人采取迅速而有效的应对措施，使其能够在避开危机的同时达到进一步适应那种危机所运用的治疗方法。

普尔认为，危机干预是给处于危机中的个人或家庭提供有效帮助和支持的一种技术，通过调动他们自身的潜能来重新建立和恢复其危机前的心理平衡状态，简而言之就是及时帮助处于危机中的人们恢复心理平衡。

我国学者季建林认为，从心理学的角度来看，危机干预是一种通过调动处于危机之中的个体的自身潜能来重新恢复心理平衡或恢复危机爆发前的心理平衡状态的心理咨询和治疗技术。目前，危机干预已经日益成为临床心理服务的一个重要分支。

翟书涛认为，危机干预是一个短期的帮助过程，是对处于困境或遭受挫折的人予以关怀和支持，使之恢复心理平衡的技术。它是在短期的心理治疗基础上发展起来的心理治疗方法，以解决问题为目的，不涉及来访者的人格矫治。

胡泽卿认为危机干预是社会各界人士采取行之有效的办法，帮助处于困境的个体、家庭、群体渡过危机，恢复心理平衡的过程。其包括弄清问题、表述感受、确立目标、达到目标及决定行动方案等步骤。

樊富珉认为危机干预是指对处在心理危机状态下的个人采取明确有效的措施，使之最终战胜危机、重新适应生活的过程。

马湘培认为，危机干预是提供紧急支援（社会支持）帮助当事人渡过难关、恢复心理平衡与获得健康的过程。危机干预不同于一般的心理咨询和治疗，是一种特殊的心理咨询服务，是一种在紧急情况下进行的短期心理治疗，它不求根治，只是在短时间内帮助对方渡过难关。与普通心理咨询和治疗相比，其突出的特点是帮助的及时性、迅速性，有效的行动是成败的关键。

我们认为，危机干预是随时对处于困境或遭受挫折的人提供支持和帮助，使之恢复心理平衡并达到危机前行为水平的短期治疗过程。

（二）危机干预的目标

阿格勒瑞等人认为危机干预的最低治疗目标是在心理上帮助当事人解决危机，使其功能恢复到危机前的水平，最高目标是提高当事人的心理平衡水平。

我国学者樊富珉认为，心理危机干预的目标有两个：一是避免自伤或伤及他人；二是使患者恢复心理平衡。危机的成功解决有三重意义：个体可从中得到对现状的把握；对经历的危机事件重新认识；学习更好的应对未来危机的策略。

我们认为，危机干预的目标在于帮助当事人克服危机、恢复心理平衡，使其重新面对生活。主要包含三个层次的目标：一是帮助危机当事人减轻情感压力，降低自伤或伤人事件发生的概率；二是使其恢复心理平衡，并恢复到危机前的功能水平，以免出现慢性适应性障碍；三是提高当事人的危机应对能力，使其更加成熟。

二、危机干预理论与模式

危机干预领域的研究工作尚未成熟，各种理论与思想如雨后春笋般纷至沓来，具有代表性的观点和思想有以下几种。

（一）哀伤辅导模式

由林德曼发展的“哀伤辅导”概念是当前危机干预理论最为重要的基础。林德曼强调在强烈的悲痛面前，人不能沉湎于内心的痛苦中，而要让自己感受和经历痛苦、发泄情感（哭泣或哀号），否则就容易产生不良后果。“哀伤辅导”的内容包括体验失去亲人的痛苦、接受失去亲人的现实、在失去亲人的情况下调整生活。目前，“哀伤辅导”理论在世界很多国家都得到蓬勃发展，其在危机干预工作中所取得的成效是显而易见的。对丧失重要亲人的当事人进行相关辅导，可使其恢复信心、重新树立生活目标。

（二）平衡模式

平衡模式认为，危机状态下的当事人通常都处于一种心理情绪失衡状态，他们原有的应对机制和解决问题的方法不能满足他们当前的需要。因此危机干预的工作重点应放在稳定当事人情绪上，使他们重新恢复到危机前的平衡状态。这种模式适合应用于危机的早期干预阶段。在早期危机阶段，个体处于极度茫然、混乱和自我失控状态，这一时期的干预工作应主要集中在稳定个体的心理和情绪方面，在其达到某种程度的稳定之前，不宜采取其他干预措施。

（三）认知模式

认知模式认为，危机导致心理伤害的主要原因在于当事人对危机事件或与事件有关的事实进行了错误的判断，而不在于事件本身或与事件有关的事实。该模式要求危机干预工作者帮助当事人认识到存在于自己认知中的非理性和自我否定成分，重新获得思维中的理性和自我肯定的成分，从而使当事人能够实现对于危机的控制。认知模式较适合于那些心理危机状态基本稳定下来、逐渐接近危机前心理平衡状态的当事人。

（四）心理社会转变模式

心理社会转变模式认为，人同时具有自然属性和社会属性，而心理危机是遗传因素和社会环境共同作用的结果。因此对于危机的考察也应从个体内部和外部因素着手，除了考虑当事人的心理资源和应对能力外，还要了解当事人的同伴、家庭、职业、社区的影响。危机干预的目的在于将个体内部恰当的应对方式与社会支持和环境资源充分地结合起来，从而使当事人有更多可选择的解决问题的方式。同认知模式一样，心理社会转变模式也适合于那些心理状态比较稳定的当事人。

（五）支持和干预技术

支持和干预技术用于危机的不同阶段，且侧重点各有不同。危机初期，当事人的情绪很不稳定、焦虑程度较高，这一阶段支持技术的应用旨在使当事人的情绪状态恢复到危机前的水平。可以运用暗示、保证、疏泄、改变环境、药物等方法，如果有必要，还可考虑短期的住院治疗。

在危机后期，干预技术占主导地位。危机干预的主要目的之一是让当事人学会应对困难和挫折的一般性方法，这不但有助于其渡过当前的危机，而且也有利于提高当事人的适应能力。危机干预工作者在干预过程中的职能：帮助当事人正视危机、找到正确的应对方式；帮助当事人获得新的信息或知识；尽可能地在日常生活中为其提供帮助，帮其回避一些应激性事件；避免给予其不恰当的保证，敦促其接受帮助；等等。

（六）教育、支持和训练的社会资源工程模式

这一模式是在为一些面临危机的社会团体提供支持的基础上发展起来的，其目的在于在人力资源有限时，可以通过训练团体领导的方式使其为大家提供及时的危机干预和减轻情感痛苦的服务，从而使团体内的心理健康资源得到最大的利用。这一模式也包括对其他人员如牧师和警察的培训，是开发环境支持资源的成功尝试。

（七）折中的危机干预理论

折中的危机干预理论是指从所有危机干预的方法中，有意识的、系统地选择和整合各种有效的方式和策略来帮助当事人。正因为如此，折中主义很少有理论概念，而是各种方法的混合物。

折中干预理论是以任务为指向的，它的主要任务如下。

①确定所有系统中的有效成分，并将其整合为内部一致的整体，使之适合于需要阐释的行为资料。

②根据对时间和地点的最大限度的了解，考虑所有相关的理论、方法和标准以评价和操作临床资料。

③不确定任何特别的理论，保持一种开放的心态，对得到成功结果的方法和策略进行不断的实验。

折中理论始终认同以下两种观点。

①所有的人和所有的危机都是独特的。

②所有的人和所有的危机都是类似的。

这是其可以将不同理论和模式进行整合的认知基础，其不局限于任何一种教条式的理论和模式，而是根据实际需要将各种理论和模式结合起来，综合运用。

三、危机干预与心理治疗比较

危机干预一般针对需要立即处理的紧急事件，常常使用“快刀斩乱麻”的短期焦点解决方式，而心理治疗则偏重于个体遇到的心理障碍、心理困惑，既可短期解决，也可以进

行长期咨询。两者的模式与方法既有关联，也有区别。

（一）对象不同

危机干预与心理治疗的对象不同，从当事人的功能水平来看，情感、认知和行为能力不足的，须尽快进行危机干预；而功能水平良好，情感、认知、行为反应基本正常的，依据其他诊断结果，决定是否需要接受长期的心理治疗。典型的心理治疗不可能一次解决问题，每次都要与来访者回顾上次治疗以来的进步、关注他们的感受，并讨论本次治疗的内容，根据需要重新确定治疗计划，然后给来访者布置作业，并确定下次会面的时间。一般的心理治疗至少要持续几周，多则持续几年，而危机干预由于时间比较紧迫，常常需要在几小时之后结束。

（二）过程不同

危机干预与心理治疗的过程存在很大不同。前者主要针对当前的危机问题展开迅速干预；而心理治疗侧重于挖掘导致心理问题的潜在因素。

（三）目的不同

危机干预与心理治疗的目的也有所不同。前者的目的在于摆脱危机状态、消除当前危机反应；而后者的目的是多方面的，包括对个体所处的心理社会环境、人格和心理功能水平等的改善和提高。

第二节　危机干预实践探索

一、危机干预的方法和步骤

（一）危机干预的操作过程

在早期，林德曼和卡普兰已对危机干预的原则进行了研究。卡普兰强调了三点：使当事人接受帮助，利用“哀伤辅导”理论，使其经历痛苦后能够宣泄情感；帮助当事人正视和处理危机，对其处境和遭遇表示同情和关注，但切记帮助要真诚；为当事人提供有关的信息。陷入危机的人常需要了解真相，许多人都会产生错觉、不了解真相，夸大危机事件的严重性，他们所想象的远比事实要糟。危机干预工作者必须采用恰当的方式和手段，以帮助当事人发现事实的真相、正视现实。

继林德曼和卡普兰之后，美国临床心理学家贝特尔等人也提出了消除危机的策略，如为当事人提供精神支持和宣泄的机会、给予其希望、有选择地倾听、给出劝告、直接建议和限制等。目前，各国主要使用的危机干预方法有如下几种。

1. 关键事件应激管理法

关键事件应激管理法（简称 CISM）强调应将家庭看作全面干预的重要组成部分，重视对幸存者家庭的服务，并分析了许多幸存者所面临的应激阶段与时间线、不同阶段的不同情感状态，针对每一阶段提出了不同的干预策略。纳什等人使用 CISM 研究了科威特士兵在伊拉克入侵后产生的应激反应。结果发现认知解释在减少人类创伤性事件中的应激反应方面具有重要作用。积极的认知解释倾向与对应激事件的更加健康和有效的反应联系在一起，而消极的认知解释则与更无助、无效的反应联系在一起。

2. 关键事件应激报告法

关键事件应激报告法（简称 CISD）是米切尔于 20 世纪 70 年代末提出的。它产生的最初目的是维护应激事件救护工作者的身心健康，后被多次修改、完善并推广使用，现已开始用来干预遭受各种创伤的个人。CISD 以危机干预理论和教育干预理论为基础，包含了心理和教育的若干要素，是关键时间应激管理类别的延伸，是综合的、多要素的危机反应技术。CISD 的方针为防止或降低创伤性事件症状的激烈度和持久度，使个体迅速恢复常态。一般来说，CISD 分为正式援助和非正式援助两种类型。

非正式援助由受过训练的专业人员在现场进行急性应激干预，整个过程大概需要 1 小时。而正式援助型的干预则分为 7 个阶段进行，通常在危机事件发生的 24 小时内进行，一般需要 2~3 个小时。具体步骤如下。

①介绍小组成员和干预过程，取得当事人的信任。

②要求所有当事人从自己的观察角度出发，提供危机事件中发生的一些具体事实。

③鼓励当事人说出与自己有关事件的最初和最痛苦的想法，让其情绪表露出来。

④挖掘当事人在危机事件中最痛苦的一部分经历，鼓励他们面对现实并表达各自的情感。

⑤要求小组成员回顾各自在事件中的情感、行为、认知和躯体体验，以便更深刻地认识事件。

⑥让当事人认识到他们的应激反应是在非常压力下产生的，是正常的、可以理解的行为，并向他们传授一些促进身体健康的知识和技能。

⑦总结、修改有关应对策略和计划。

CISD 模式有利于减轻各类事件引起的心灵创伤，促进个体内环境的稳定，促进个体躯体的恢复。

3. 灾难后心理卫生工作策略

危机灾难后心理卫生工作策略是一种团体危机干预方法，可分为 3 个阶段。

①任务执行前。确定应对危机的组织预案，通过演习明确各成员的任务、减轻预期的

焦虑感、建立团队自信心；负责人员应给予参加任务者以充分的信任并分担责任。

②任务执行中。执行任务时尽可能使每位救助人员都有同伴，通过共同承担工作、共同解决问题和相互交流来减轻心理压力。工作时间最长不超过 12 个小时（包含休息和活动时间），避免每个值勤人员摄入过多的咖啡和酒精。保证值勤人员在间歇时间与家人交流一两次，配置专业心理咨询师，让他们共同执行任务，灵活利用各种缓解压力的技术，帮助救护人员适时减轻心理压力。一天值勤任务结束后，每个人要接受一次小组治疗。

③任务结束后。任务结束后，让每位参加任务的人员放松一到二周，尽快使他们在精神上从这次紧张任务中解脱出来，如个别人仍觉得乏力、消沉，负责人应安排其做适当的调整，预防创伤后应激障碍症状的产生。

4. ACT 危机干预模式

ACT 危机干预模式是罗伯特于美国“9·11”恐怖袭击事件后，针对事件罹难者的干预工作而提出的，是一套连续的评估和干预策略，A、C、T 分别指评估、危机干预和创伤治疗。

5. 危机干预六步法

危机干预六步法是由格林兰与詹姆士提出的，包括确定问题、保证当事人安全、给予支持、提出并验证可变通的应对方式、确定行动步骤、得到承诺六个步骤。

①确定问题。从当事人的角度确定和理解当事人本人所认识的问题。

②保证当事人安全。在危机干预过程中，危机干预工作者要将保证当事人安全作为首要目标，简单来说，就是将对自我和他人的生理和心理危险性降到最低。

③给予支持。强调与当事人的沟通与交流，使当事人了解危机干预工作者是其完全能够信任、给予其关心和帮助的人。

④提出并验证可变通的应对方式。危机干预工作者要让当事人认识到，可变通的应对方式有很多，其中有些方式比别的方式更合适。

⑤确定行动步骤。危机干预工作者要与当事人共同确定行动步骤以调整其情绪的失衡状态。

⑥得到承诺。让当事人复述所制定的计划，并从当事人那里得到明确按照计划行事的承诺。

6. 危机干预七步模型

七步模型由罗伯特提出，用于帮助处于急性心理危机、急性情境性危机和急性应激障碍的人群，包括七个步骤。

①彻底的生物心理社会评估和危机评估。涉及对于危险性的迅速评估，包括自杀、杀人或暴力的危险性、药物治疗需要、积极和消极的应对策略、毒品和酒精滥用情况评估。

②迅速建立友善的治疗关系（多与第一步同时进行）。向对方表示你的敬意以使其接纳自己是这一步的关键。要极力去迎合当事人的话题，并保持中立态度且不对其观点做评

判，尽量不将个人观点表露出来。保持冷静，并使局面处于我们的掌控之内。

③识别问题。用开放性的问题让当事人用自己的语言解释和描述他（她）所遇到的问题，这样便于危机干预工作者了解问题的真相。能够感受到危机干预工作者的关爱和理解对当事人来讲非常重要，而且也有利于友善、信任关系的建立。第二步、第三步通过使用问题解决中心疗法来识别当事人的能动性和应对资源，包括对以往的有效应对策略进行辨别。

④用积极的倾听技巧来处理情感和情绪问题。利用鼓励性的语言，如“啊”“哦”等让当事人感受到你正在仔细地聆听，这些口头反馈在电话干预中尤其重要。除此之外，反应、解释、情绪定性等都是可使用的技巧。反应包括重复当事人所说的话、所表达的情感和想法；解释包括用危机干预工作者自己的语言来重复当事人的话；情绪定性包括总结出隐含在当事人话语中的情感。

⑤通过识别当事人的能动性和以往成功的应对机制，探索可供选择的方法。危机干预工作者和当事人的合作能使潜在的应对资源和可供选择方法的范围更为广阔。因此，危机干预工作者的创造性、灵活性和应变能力是成功干预的关键。

⑥贯彻行动计划。危机干预工作者应在限制性最小的模式下帮助当事人，使当事人感受到自己有自主性。这一步骤中的重要环节包括识别可供联系的人和转介资源、提供应对机制。

⑦反复确定并达成一致。第一次会面后，危机干预工作者应与当事人达成一致，共同确定能使危机得到有效解决的计划，也可以通过电话或面对面的交流来完成。

7. 创伤应激管理十步模型

该模型由莱纳等人提出，用于灾难后直接的应激处理，大致包括十个步骤，分别为：

①评估对自我及他人的危险性；

②检查被伤害的身体、评估知觉机制；

③评估能动性水平；

④确定治疗需求；

⑤观察及识别每个个体的创伤应激症状；

⑥做自我介绍，说明你的角色和任务，并开始与对方建立关系；

⑦通过允许当事人陈述他（她）所经历的事件来使其慢慢平静下来；

⑧通过积极的、认真的倾听向其提供支持；

⑨提供有效的、模式化的教育与指导；

⑩使当事人面对现实、展望未来，并为其提供转介建议。

（二）危机干预步骤

尽管危机干预没有任何程序可循，但对于基本干预步骤的掌握仍是必要的。除以上所提到的之外，很多学者都对危机干预的步骤进行了研究。高登福特曾提出，帮助当事人按以下步骤进行思考和行动常能取得较好效果：明确存在的问题和困难；提出各种可供选择的解决问题的方案；罗列并澄清各种方案的利弊及可行性；选择最可取的方案；确定方案实施的具体步骤；执行方案；检查方案的执行结果。在这里，危机干预工作者的作用在于启发、引导、促进和鼓励，而不是提供现成的公式。我国学者季建林提出了危机干预四步法：问题的评估、制定治疗性干预计划、治疗干预、危机的解决和随访。根据实践经验，我们认为危机干预应通过以下几个步骤来进行。

1. 问题评估

第一步要解决的主要问题如下：确定是何种事件使当事人陷入危机；当事人对事件的感受如何；当事人目前的功能水平如何；是否有自伤和伤人的危险性存在；当事人以往的应对策略有哪些；现有的可利用的应对资源有哪些。

（1）明确事件

首先，危机干预工作者要了解使个体陷入危机状态的事件。我们可以通过提一些开放性问题，如“告诉我，发生了什么事？”“什么事让你这么慌张？”等了解事情真相。很多当事人所面临的问题是非常复杂的，可能有多个问题同时存在，这要求危机干预工作者对每一个问题都进行明确界定。通常，主要问题是当事人最近经历的事件，次要问题是危机事件以前出现过的。在整个干预过程中，危机干预工作者都应围绕所确定的时间来展开，以确保干预的主题和方向。

（2）状态界定

危机干预工作者应对当事人目前的状态进行评估。要了解当事人对事件的感受如何，该事件对他来说意味着什么，他是否对事件做出了正确的评判，该事件对当事人的正常工作、生活、学习以及当事人身边的人产生了什么影响；通过一些评估工具来确定当事人目前的功能水平如何，情绪反应和能动性如何，并尽量与其危机前的功能水平进行比较。此外，对当事人的危险性进行评估时所提的问题必须是直接的和特定的，如“你打算什么时候实施你的计划？”“你在过去曾经这样做过吗？”如果当事人有严重的自杀或他杀倾向，可考虑精神科会诊，必要时进行住院治疗，以保证当事人及他人的安全。

（3）探讨应对策略

危机干预工作者可以向当事人询问：“以前在遇到焦虑、紧张、烦躁等类似问题的时候你通常是怎么做的？”当事人可能回答会找人倾诉、会去疯狂购物等，危机干预工作者要重视发挥当事人自身的应对优势，帮助其慢慢回忆以前所用的有效应对方式，然后再进一步确定：在这次事件发生后采取与以往相同的应对方式了吗？所取得的效果如何？目前生活变化是否妨碍习惯性应付方法？如果以前的应对方式都不再奏效或当事人认为从没遇到过类似严重的问题，危机干预工作者就应与其探讨新的应对方式。除了寻求专业帮助，还有什么人能对当事人提供支持？对这次事件进行重新理性的分析是否可以降低当事人的焦虑水平？很多情况下，可供替代的应对方式有很多，我们的目标是帮助当事人了解更多问题解决的方式和途径，充分利用环境资源，采用各种积极应对方式，使用建设性的思维方式，并与当事人以合作的方式共同商讨，如其能动性不强，危机干预工作者可提出直接的建议或几种可供选择的方式，最终确定处理其境遇的恰当方法。

2. 制定计划

这一阶段属于决策阶段，心理学家福提纳什和沃瑞特认为危机干预决策包括以下几个步骤。

①观察：看危机是偶然发生事件还是异常行为。

②区别：将相关资料和无关资料进行区分。

③验证：通过对当事人观察和交流进行。

④组织：将获得的资料组织成有意义的材料。

⑤分类：按有益于恢复正常状态和有益于交流将材料归类。

在对引发个体危机的事件、事件的严重程度、对当事人产生的影响、当事人目前的功能水平等大致了解之后，危机干预工作者应思考下面的问题：需要解决的首要问题是什么？需要解决的其他问题是什么？什么问题最容易立即解决？影响干预效果的因素有哪些？什么方式可以减轻它们的影响？什么技术或方法能在最短时间内达到最佳的干预效果？等等，以此来确定治疗目标，并围绕这个目标来制订干预计划。

干预目标可以包括消除紧张情绪，重返危机前的功能水平，能够完成正常的工作、生活、学习、社交活动，能够学习新的应对方式以解决以后遇到的问题，等等。针对目标的计划应包括与危机干预工作者合作直至当事人能独立应对、当事人自身的应对机制和周围环境能够提供帮助的资源。在制订计划时，要充分考虑当事人的自控能力和自主性，与当事人共同制订行动计划以改变其情绪失衡状态。

3. 实施干预

实施干预是整个步骤中最为核心的阶段，在这个阶段，对危机的识别与时机的选择都相当重要。危机干预工作者要探查出解决问题的可供选择的方法，并将几种可尝试的方案提供给当事人，与其共同商讨。这一阶段主要解决以下几个问题。

首先，帮助当事人舒缓和疏泄情绪。部分当事人由于压抑了一些非常现实的情感（如愤怒、爱和恨等），或者对悲伤的心理否认和自责而产生危机。危机干预工作者要向当事人表示理解和关心，与其建立良好关系，鼓励当事人讨论当前感受，诸如否认、内疚、悲痛、生气等，必要时采取放松、疏泄等心理治疗手段及时减轻当事人的痛苦和紧张感。

其次，帮助当事人正确认识现状。改变当事人非理性的认知，让当事人认识到目前的情感活动是对危机的正常反应，帮助当事人理智地面对现实，但不鼓励当事人关注危机的所有含义。

再次，学习应对方法。帮助当事人总结过去成功的应对技巧，学习新的应对方法，学会利用外界资源以便在危机状况下获得情境支持，减轻逆遇对心理平衡的影响。

最后，获得承诺。回顾有关计划和行动方案，并从当事人那里得到诚实、直接和恰当的承诺，以便当事人能够坚持实施为其制定的危机干预计划。

4. 效果及反馈

在危机干预时需不断评估干预措施是否产生了预期的效果，以便随时根据实际需要对计划做出调整和修改，以寻求最佳的解决方案。

经过一段时间的干预，当事人的情绪危机得到解决或一定程度的缓解，这时应及时中断治疗，以减少其对危机干预工作者的依赖。在结束阶段，应该注意鼓励和支持当事人在今后面临逆境或重大挫折时应用新的应对技巧和依靠有关社会支持系统来独立解决和处理问题，避免危机的发生或减少危机发生的概率。

另外，在每次干预过程结束之后，危机干预工作者都应举行一个小型的报告会，所有参与人员都要坦诚地交流心得，评价自己的成功和过失，这样有利于缓解危机干预工作者的压力、总结得失，并为下一次的干预工作做好准备。对于在危机中康复的当事人，要举行一个告别仪式，使其真正与过去做心理上的告别，开始新的生活。

二、危机干预的技巧

（一）交流

1. 接纳并关注

危机干预工作者要无条件地接纳当事人。

①理解当事人的情绪和行为。危机干预工作者要保持始终如一，平静地面对当事人表现出的绝望、焦虑甚至敌意，为他们营造安全和信任的氛围，使当事人明白危机干预工作者是值得信任的。

②尊重当事人的个人观念。危机干预工作者要保持中立，不对他们的看法和行为做出或好或坏的简单评判，使当事人感到自己受尊重、被接纳，获得一种自我价值感。

危机干预工作者还应该使当事人意识到自己被密切关注。在当事人叙述的过程中，危机干预工作者应保持全身心地倾听与关注，与当事人保持适度的距离，呈 45 度角，注意不要面对面，这样会让当事人感到紧张和不安。危机干预工作者要通过点头、保持眼神接触、微笑、给予适当的言语反馈（注意语调和措辞）等，向对方传达出关心、参与和信任的态度。在对当事人进行关注时可以密切注意其言语和非言语反应，掌握当事人未明确表达出的信息，这有助于建立信任关系，使当事人融入治疗关系中。

2. 倾听

倾听是危机干预中必不可少的环节，倾听并非仅仅用耳朵听，更需要用心并设身处地地感受。倾听技巧包括观察当事人的非言语行为，如姿势、表情、举动、语调等；理解当事人言语所传达的信息；注意叙述的前后连接并与其生活的社会环境相关联；等等。

卡莫尔认为，咨询师可以通过澄清、释义、情感反馈和归纳总结四种倾听技术来加深对当事人的了解与认识。澄清是当事人发出模棱两可的信息后，危机干预工作者就有关信息向当事人提问，以鼓励当事人更详细地叙述，并检查内容的准确性的过程。释义是将当事人信息中与情境、事件、人物和想法有关的内容进行重新编排，实际上是对当事人信息内容的再解释，以帮助当事人注意到自己表达信息的内容，甚至可以使问题的实质显现出来。情感反馈是对当事人的感受或当事人表达信息中的情感内容重新组织，以鼓励当事人更多地倾诉其内心感受，帮助当事人支配、认识和管理自己的情绪。归纳总结是释义和情感反馈两个过程的进一步延伸，将信息的不同内容或多个不同信息加以连接并重新编排，以帮助当事人连接多个元素、确定共同的主题、回顾整个过程。

在危机干预工作者的倾听过程中，对当事人的理解和共情非常重要。当不能确定是否完全领会了当事人所要表达的意思时，不要不懂装懂，而是要向当事人确认。要让当事人知道，危机干预工作者正在准确地领会其所描述的事实和情绪体验。交流过程中的确认可使危机干预工作者澄清问题和理解情绪体验，也可以使双方的信任关系得到进一步的强化。

此外，危机干预工作者要通过语言和动作等方式对当事人表示理解，立足于当事人的情感立场，用当事人的眼睛看世界，并用自己的方式表达其内心体验。按罗杰斯的观点，共情是体验别人内心世界的能力。例如，某自杀未遂同学向干预人员叙述他在得知女友要与他分手的消息后而失魂落魄，干预人员可以趁机表示对他的理解，“你当时感到很绝望、很无助、很愤怒，对吗？要是我，可能也会有这样的感觉”。值得注意的是，危机干预工作者要掌握共情的灵活性，收放自如，恰到好处，这样才能达到共情的最佳境界。

3. 提问

①封闭式提问。封闭式提问用于向当事人了解特别的或具体的资料，对某些特别行为资料进行确认，以“是”或“否”来回答。封闭式提问的常用词有“是否”“有没有”“能否”“对不对”等。封闭式提问常在危机干预的初期阶段使用，用来确定某些特殊资料，帮助危机干预工作者快速判断正在发生什么。但封闭式提问的过多使用会使来访者陷入被动中，在实践中，通常把封闭式提问与开放式提问结合起来使用。

②开放式提问。开放式提问一般以“什么”或“如何”来进行，要求进行深刻和详细的表达。开放式提问鼓励当事人完整地叙述经过并深刻地表达其内涵，常用来引出有关当事人感情、思维和行为方面的内容。这里要注意的是，避免向当事人提问“为什么”，这样会让当事人产生心理防御。

4. 适当沉默

在交流过程中，当事人很可能出现长时间的沉默，这时危机干预工作者不要认为是自己交流能力不足，也不要试图发表意见来打破这种沉默，更不要一遍又一遍地去催促当事人做出回答。当事人需要时间进行思考，连珠炮式的提问和无休止的说教无助于解决危机，反而会使当事人产生厌烦，而适当保持沉默会加深理解和达到共情。双方的沉默可以给当事人传达出这样的信息："我知道你现在很难用言语表达你的苦衷，我理解你，并且随时都会帮助你。"危机干预工作者应不加限制地让当事人进行思考，一段长长的沉默之后，往往会出现有价值的信息。在这段时间内，危机干预工作者也可以对自己的问题以及当事人的表现进行消化和理解，给自己充裕的时间来思考如何更好地掌控局面。

5. 适度引导

虽然我们一再强调要对当事人的人格、观念保持尊重，不加入危机干预工作者的价值评判，但在操作中危机干预工作者有时不得不对当事人的有关行为做出判断，特别是当危机干预工作者要控制事态发展时，常常应给予当事人一些直接、明确和适度的指导。"适度"表现在：不对当事人的人格进行评判；不能通过情绪反应等流露出对当事人的好恶情感；对于当事人的行为做出价值引导；适当使用表扬、鼓励等正强化来表达对当事人良好表现的赞赏。

6. 非言语交流

当事人可能会通过不同的身体语言来表达自己的情绪，如愤怒、恐惧、忧郁、怀疑和绝望等。危机干预工作者要关注这些非言语的内容是否与当事人的言语表达相一致，发现与当事人言语不一致的信息。但这种非言语沟通毕竟是试探性的或推测性的，有时并不可靠，危机干预工作者不要过多地对躯体语言进行推测。与此同时，危机干预工作者必须重视自己的非言语性表达，并使之与自己的言语性表达相一致，向当事人传达关注和理解的信息。非言语内容可以通过多种方式来表达，如目光接触、上身前倾、动作、语调、眼神变化、面部表情、房间的布置等，都应该让当事人感到放松、平静，认为自己所处的环境是安全的，对方是可以信任的并且愿意毫无保留地接纳他 / 她、为他 / 她提供帮助。

（二）评估

评估不仅是危机干预的重要步骤之一，也贯穿危机干预过程的始终。危机干预工作者对评估技巧掌握的程度极大地影响着危机干预的效果。从危机发生到危机缓解或解决的整个过程中，对当事人的心理危机状况进行评估是此项工作的重中之重。在相当有限的时间内，干预者必须迅速并准确掌握当事人所处的情境与反应。

布兰德基于对美国各州 1987—1998 年特大洪灾的研究，提出了一个阶段论的评估模型。他认为当事人在应激反应出现到消除或恶化期间，一般都要经历 5 个阶段。如果要防止更严重的慢性症状出现，当事人必须在 48 小时内接受专业人员的诊断及相应的干预治疗。威斯顿提出了人与环境互动的评估模型。该模型重视理解应激及其影响因素，重视应激事件的多样性。2003 年我国"非典"期间，童辉杰等提出了 SARS 应激反应的结构评估模型，该模型包括三个因素：过度恐慌、防御反应和认知评价。

我们认为危机评估可以从危机的性质、当事人的功能水平、应对机制、支持系统、自伤或伤人的危险性五个方面来进行，以确定需要实施的干预策略。

1. 对危机的性质进行评估

危机干预工作者首先要了解危机是一次性的、还是复发性的，即危机是由突发性的、境遇性的事件引起的，还是由慢性的生活事件导致的。对于这两种危机状况的干预完全不同。对于一次性的急性或境遇性危机，往往进行直接的干预，当事人能较快恢复到危机前的平衡状态，通常能够应用正常的应对机制和利用现有资源，并独立地处理问题；而复发性慢性危机的当事人，则往往需要较长时间的干预，并建立新的应对策略。对于慢性危机的当事人，一般应转诊进行长期治疗。

2. 对当事人的功能水平进行评估

危机干预工作者要对当事人心理伤害的严重程度做出迅速的评估。梅耶等人提出了三维筛选评估模型和分类评估量表。该评估模型从认知、情感和行为三个方面评估当事人的功能水平。认知评估包括侵犯、威胁和丧失三项内容；情感评估包括愤怒/敌意、恐惧/焦虑、沮丧/忧愁三项内容；行为评估则包括接近、回避、失去能动性三项内容。

危机干预工作者首先要关注当事人现有的功能水平，以保证做出客观评价。对某些当事人，评估人员可通过提一些开放式问题来了解其情绪、认知和行为状态，如果功能状态很低，当事人不仅对过去和现在有不恰当的认知，而且对前途也不抱希望。一般说来，情绪力量保留越少，当事人对未来的信心就越低，完全缺乏情绪反应能力的当事人比情绪反应能力较好的当事人更需要直接的关心。对当事人现有功能水平的评估将决定在以后的咨询中选择何种策略和干预的程度。

仅对当事人现有的功能水平进行评估，还不足以了解危机的严重程度。危机干预工作者应尽可能地把当事人当前的状态与危机前的功能水平进行比较，以确定危机发生后当事人情感、认知、行为功能水平的损害程度，以及当前的状态是否长期存在。此外，对功能水平的评估还应该贯穿危机干预的整个过程，在实施一定阶段的干预后，当事人的危机是否得到化解，也可以通过情绪、行为等表现反映出来。干预过程中的评估有利于检验危机干预的效果。

3. 对当事人的应对机制、支持系统和其他资源进行评估

在整个帮助过程中，危机干预工作者要收集各种有关的资料，并评价这些资料的意义。在评估可应用的替代解决方法时，危机干预工作者必须首先考虑当事人本人的观点、能动性，以及应用这些方法的能力，危机干预工作者个人的客观建议则作为附加部分予以考虑。替代的解决方法应将各种对当事人有益的资源考虑在内。即使当事人可能只需要一个或两个具体的建议或行动步骤，危机干预工作者也应该与当事人共同讨论，列出各种可能性并逐步评价。当然，许多可能性并不会被当事人采纳和付诸实施，但当事人做出的选择并不是危机干预工作者强加的建议和方式，而是其将采纳并转变为计划和行动的方案。对当事

人而言，重要的是他们深切地感到自己能够做出选择，而不是单纯地接受危机干预工作者为他们做出的选择。

危机干预工作者需要思考的问题：当事人现在采取何种行动或选择能恢复到危机前的自主状态？当事人真正采纳的行动是什么？哪些机构、社会团体、职业或个人能给予其支持？谁愿意关心和帮助当事人？在当事人康复过程中有哪些经济、社交、职业和个人方面的障碍或问题？

4. **危险性评估**

危险性评估包括对当事人自杀和杀人可能性的评估。尽管并不是每个人都会采取自杀或杀人的行动，但危机干预工作者要假设有这种可能性存在，并对每一位当事人的这种可能性进行评估。绝大多数危机当事人在采取过激行为之前往往会透露出特定的线索，危机干预工作者要依据这些线索预测当事人的行为表现。

5. **神经科检查**

在危机状态下，个体的神经系统会产生反应，神经传递质、中枢和外周交感神经系统、下丘脑等的内分泌均会发生变化，这些变化不同程度地影响着当事人的情绪、思维和行为。神经科检查有助于危机干预工作者对当事人的目前状态做出评估。

研究表明，在许多精神障碍中，从精神分裂症到抑郁症均存在神经递质方面的异常变化，如多巴胺、去甲肾上腺素和五羟色胺。许多用于治疗精神障碍的药物会使这些神经递质发生改变。危机干预工作者有时会碰到这样的情况：当事人的冲动或暴力行为是因为停服药物引起的。

这些药物具有治疗精神障碍作用的同时，也会对人的精神活动产生影响，改变大脑的化学功能，产生严重的心理副反应。如果同时服用其他药物，药物之间也可能发生反应，给个体造成心理损害。危机干预工作者应通过神经科检查确认当事人服用药物和药物滥用的情况。

第三节　大学生心理危机干预对策

心理危机干预在国外高校被广泛应用，但我国高校对心理危机干预的开展和实施还很少，因此高校应该建立全面学生心理危机干预机制。

一、大学生心理危机干预体系构建

体系建构工作包括机构的设置、制度的建立等，大学生心理危机干预体系建构的首要任务是设立危机干预中心，明确各部门的职责和任务，形成一套完善的运行机制。

（一）建立大学生心理危机干预中心

大学生心理危机干预中心应下设危机快速反应小组、心理咨询室等机构。危机快速反应小组能够在突发危机状况下做到快速反应、快速行动，使危机的危害降到最低；心理咨询室的工作职责是，对大学生进行心理状况普查并建立心理档案，及时掌握大学生的心理发展动向，对筛选出的高危人群进行重点监控，避免心理危机的爆发，等等。

总体来说，大学生心理危机干预中心具有危机的预防和干预两大职能，具体包括以下功能。

①对大学生进行心理健康状况普查，建立在校生心理健康档案，并密切关注大学生的心理发展，对于心理危机的高危人群做出及时评估、诊断和预警，建立干预对象档案库并定期追踪观察，做到及时发现、及时指导和帮助。

②通过各种教育手段提高大学生对心理危机的抵抗力。向大学生宣传普及心理健康知识，使其认识自身，了解心理健康对成才的重要意义，树立心理健康意识；介绍增进心理健康的途径，使大学生掌握科学、有效的学习方法，养成良好的学习习惯，积极开发自身潜能，培养创新精神和实践能力；传授心理调适的方法，使大学生学会自我心理调适，有效消除心理困惑，自觉培养坚忍不拔的意志品质和艰苦奋斗的精神，提高承受和应对挫折的能力以及社会生活的适应能力；解析心理异常现象，使大学生了解常见心理问题产生的原因及主要表现，以科学的态度对待各种心理问题。

③促进心理危机救助和自救知识在大学生中的普及和推广。通过开展心理危机专题教育使大学生对于危机的含义、特征和症状表现有一个基本的了解，掌握一定的危机救助技巧，形成积极的求助与助人意识。

④及时为危机事件的当事人和所涉及的学生提供心理危机帮助，必要时进行转诊。做好心理危机当事人的跟踪援助工作，帮助当事人解决危机，恢复心理功能和心态平衡，重新掌握应变能力。

（二）完善大学生心理危机干预的运行机制

大学生心理危机干预是一项复杂的系统工程，仅仅依靠危机干预中心的力量无法取得最好的干预效果。因此，大学生危机干预中心必须建立广泛的工作网和较为通畅的运行机制，这样才能确保处于危机中的个体得到最好的救助。

大学生危机干预运行机制以干预中心为枢纽，联系着校内学生处、校医院、校保卫处、辅导员和个体社会支持系统，在校外，又与医疗服务机构、心理咨询机构、公安部门建立工作网。在危急情况下，要确保各个网络结点之间联系通畅，使危机中的个体得到及时的帮助。

二、大学生心理危机干预队伍建设

心理危机干预工作的主力是受过专门训练的心理咨询师，这些心理咨询师除具备必要的专业技能和素质外，还必须不断提高个人素质。

（一）专业危机干预工作者的个人素质

1. 道德素质

危机干预工作者要做到以下几点。

①诚实。“言行不一”是干预者之大忌。干预者要保持情感体验和情感表达的和谐一致，努力做到所感与所言、所行与所为的和谐一致；要真诚地表露自我的内心想法，允许他人了解自己。

②当事人利益至上。在大多数情况下，应在理智和情感上采取“当事人利益优先”的原则。

③为当事人保密。除非事先得到当事人的书面许可，否则危机干预工作者不得泄露当事人的资料。但如果确认当事人有自杀或伤人企图，危机干预工作者则可以不履行保密义务。

④尊重当事人的知情权和选择权。危机干预工作者开始时就应该与当事人讨论咨询目标和程序，告知其咨询师的资格和实践经验，并为其提供其他自助小组资源。

2. 自我反省能力

没有一个人完美无瑕、不曾受到过心理创伤，危机干预工作者也是如此。危机干预工作者必须了解自己的创伤，以及这些创伤对自己潜在的影响。比如：由于过分的自我保护而不愿意与当事人分享；由于情绪的波动而将咨询当作宣泄自己情绪的场所；由于自己的“脆弱”而将咨询当成自我肯定的过程；由于当事人表示出“阻抗”而忽视当事人的情感表达，采取疏远和冷漠行为，或者变得傲慢、强加于人；等等。

总之，对于心理脆弱而敏感的当事人，危机干预工作者必须能够把握住自己。自我反省能力要经过较长时间的专业训练，包括反复被有经验的督导进行心理督导。非心理咨询专业的工作者，如学生政治辅导员、危机志愿者等需要努力提高自身的反省能力，尽最大努力地做好危机干预工作。

3. 灵活性与敏捷性

在危机干预中，时间是一个关键因素，人们能够做出反应的时间相当有限，不允许进行细嚼慢咽式的思考。因此危机干预者必须能够对危机中不断涌现、不断变化的问题做出迅速的反应和处理，必须敢于面对挑战，在危机干预工作中充分发挥创造性和灵活性，而不拘泥于各种条条框框和自己过去的经验。

4. 丰富的经验

危机干预工作者应具有丰富的生活经验，他们在复杂的生活经历中学习、成长，并能将这些经验应用于各种实际工作之中。因而他们在危机面前能够表现得成熟、乐观、坚韧和坚强。这十分有助于他们配置自己的心理资源，更好地帮助危机当事人。

5. 镇静的心态和充沛的精力

危机干预工作者应具有镇静的心态。面对那些失去理智的当事人，危机干预工作者应保持冷静、镇定，努力使情况处于自己的控制之下，从而为帮助当事人恢复心理平衡创造一个理性的、稳定的氛围，这在危机干预中至关重要。

危机干预工作者要充沛精力，要真诚、热情地帮助当事人，并始终如一；同时还要兼顾自己的身体和心理需求，不断地进行自我调整，以保证旺盛的精力和良好的状态。

6. 能够换位思考

换位思考能力也是危机干预工作者应具备的专业技能之一。危机当事人可能具有不同的文化、社会经济背景，因此他们会表现出不同的行为和态度。因此，危机干预工作不仅必须考虑地理的差异（国籍、民族、语言、种族、宗教），而且必须考虑人口学的差异（如社会经济地位、教育、政治、家庭）。危机干预工作者要能够从当事人的角度理解其所处的现实环境，并帮助当事人尽快与自身的社会支持网络（如家庭、单位、朋友等）建立联系。如果危机干预者不能很好地理解当事人的世界观，就可能会做出错误的解释、判断和结论，从而对当事人造成更严重的伤害。

（二）重视对相关教师和学生的培训

教师（包括学生的辅导员、班主任等）和学生骨干是危机干预的重要力量，特别是在提供预警信息、急性危机的临时救助及自杀预防等方面发挥着不可替代的作用，因此，对于相关教师和学生的培训是高校危机干预系统工程中尤为重要的一个环节。培训工作可以由校内危机干预中心的专业人员进行，也可以由校外专家负责。主要从以下几个方面来进行。

1. 危机与危机干预的基本知识

心理危机的相关培训和内容主要包括以下六个方面。

①心理危机的含义。

②心理危机的成因和表现。

③心理危机的产生并不都是病态的表现，正常人在外来的强烈而持久的刺激下也会陷入心理危机中。

④大学生中常见的心理危机。

⑤心理危机是可以识别的，也是可以得到预防和治疗的。

⑥心理危机的干预和预防需要广大师生的共同配合。

2. 心理危机的识别

只有了解危机的表现，才能对危机做出识别以确定个体是否需要帮助。北京市教工委、教委、卫生局、团市委联合出台的《北京高校学生心理素质教育疾病预防与危机干预大纲》中认为，心理危机的干预对象包括以下 12 类。

①遭遇突发事件而出现心理或行为异常的学生，如家庭发生重大变故、受到自然或社会意外刺激的学生。

②患有严重心理疾病的学生，如患有抑郁症、恐惧症、强迫症、癔症、焦虑症、精神分裂症、情感性精神病等疾病的学生。

③既往有自杀未遂史或家族中有自杀者的学生。

④身体患有严重疾病、个人很痛苦、治疗周期长的学生。

⑤因学习压力过大、学习困难而出现心理异常的学生。

⑥个人感情受挫后出现心理或行为异常的学生。

⑦人际关系失调后出现心理或行为异常的学生。

⑧性格过于内向、孤僻、缺乏社会支持的学生。

⑨严重环境适应不良导致心理或行为异常的学生。

⑩家境贫困、经济负担重、深感自卑的学生。

⑪由于身边的同学出现个体危机症状而受到影响，产生恐慌、担心、焦虑、困扰情绪的学生。

⑫其他有情绪困扰、行为异常的学生。

尤其要关注上述多种特征并存的学生，其危险程度更大，应成为重点干预的对象。

我们认为，大学生若出现下列几种情况（包括个体所面临的情境及其身心症状和行为表现等），则其罹患心理危机的可能性较大。

①重大丧失（如亲人死亡、人际关系破裂、考试失败、失恋、遭受拒绝等）后出现异常表现。

②遭受严重突发事件的刺激后有异常反应。

③明确或间接表露自己感到痛苦、抑郁、无望、无价值的信息，甚至流露出自杀的意图。

④孤僻、人际关系恶化。

⑤物质滥用量加大。

⑥易激惹、与人敌对。

⑦持续不断的悲伤或焦虑。

⑧依赖性加大。

⑨出现自毁性或攻击性行为。

⑩日常学习、工作、生活状况出现明显的负性改变。

3. 自杀的识别和预防

大学生自杀的危险征兆表现在以下几个方面。

①传达出自杀的想法。

②有自杀未遂史。

③有条理地安排后事，将自己珍贵的东西送人。

④收集与自杀方式有关的资料并与人探讨。

⑤流露出绝望、无助、愤怒、无价值感等。

⑥将死亡或抑郁作为谈话、写作、阅读艺术作品的主题。

⑦谈论自己现有的自杀工具。

⑧使用或增量使用成瘾物质。

⑨出现自伤行为。

⑩最近有朋友或家人死亡或自杀，或者有其他丧失（如由于父母离婚失去父亲或母亲）。

⑪突然的性格改变、反常的中断、攻击性或闷闷不乐，或者最近参加过高危险性的活动。

⑫学习成绩突然明显下降或好转，慢性逃避、拖拖拉拉，或者离校出走。

⑬躯体症状，如进食障碍、失眠或睡眠过多、慢性头痛或胃痛、月经不规律、无动于衷。

帮助有自杀企图的人的要点如下。

①表达你的关心，询问他们目前面临的困难及困难给他们带来的影响。

②保持冷静，多倾听，少说话，让他们表达自己内心的感受。

③要有耐心，不要因他们不能很容易与你交谈就轻易放弃，允许谈话中出现沉默，有时候重要的信息就在沉默之后。

④要接纳他们，不对其做任何道德或价值评判（至少不要让他们感受到）。

⑤他们可能会拒绝你要提供的帮助，有心理危机的人有时会否认他们面临难以处理的问题，不要认为他们的拒绝是针对你本人。

⑥不要试图说服他们改变自己的想法。

⑦不要给出劝告，也不要认为有责任找出解决办法，尽力想象自己处在他们的位置时是如何感受的。

⑧告诉他们你也会有同样的感受，说出你的感受，让他们知道并非只有自己有这样的感受。

⑨不要担心他们会出现强烈的情感反应，情感爆发或哭泣可以使他们的情绪得到释放。

⑩大胆询问其是否有自杀的想法："你是否有过很痛苦的时候，以至令你有想结束自己生命的想法？""有时候一个人经历非常困难的事情时，他们会有结束生命的想法。你

有那种感觉吗？”“从你的谈话中我有一种疑惑，不知道你是否有自杀的想法。”询问一个人有无自杀念头不但不会引起他自杀，反而会挽救他的生命，但不要这样问“你没有自杀的想法，是吧？”

⑪相信他所说的话及其所表露出的任何自杀迹象。

⑫不要答应对他的自杀想法给予保密。

⑬让他相信别人是可以给予他帮助的，鼓励他再次与你讨论相关的问题，并且要让他知道你愿意继续帮助他。

⑭鼓励他与其他值得信赖的人谈心，寻求他人的帮助、支持。

⑮给予其希望，让他们知道其所面临的困境能够有所改变。

⑯要尽量取得他人的帮助，以便他人与你共同承担帮助他的责任。

⑰如果你认为他们需要专业的帮助，请提供转介信息。如果他们对寻求专业帮助感到恐惧或担忧，应花时间倾听他们的担心，告诉他们一般遇到这种情况的人都需要专业帮助，而且你向他们介绍专业帮助并不表明你不关心他们。

⑱如果你认为他即刻自杀的危险很高，要立即采取措施：不要让他独处；拿走自杀的危险物品，或者将他转移至安全的地方；带他去精神心理卫生机构以便寻求专业人员的帮助。

⑲如果自杀行为已经发生，立即将其送往就近的急诊室抢救。

三、利用各种形式开展危机干预

危机干预可以通过多种方式来开展，如个别干预、团体干预、网络干预、电话干预等，各种干预形式各有利弊，应探寻各种形式的有效结合，以期达到最佳的干预效果。

（一）个别干预

个别干预是危机干预最为常见的形式，也是最为传统的干预方式。危机干预工作者与当事人采用一对一的方式来进行交流。个别干预适用于心理危机比较严重或当事人对保密性要求较高的干预。依当事人的要求和危机的紧急程度，危机干预工作者可以进行上门干预、来访干预或在指定的地点进行干预。

个别干预有利于良好咨询氛围的营造和双方信任关系的建立，危机干预工作者也可以对当事人进行较为密切的关注，各种干预技术也可以得到很好的采用。因此，个别干预的效果通常较为理想。但目前我国面临的现实问题之一是专业咨询人员的比例较低，而一对一个别干预的采用必然需要强大的专业人员队伍作为保障。因此，个别干预虽然是目前较为主流的干预方式，但必须依据实际情况辅以其他形式的干预。

（二）团体干预

团体心理咨询是 20 世纪初起源于美国的一种咨询形式，它是相对于一对一的个别干预而言的，即将心理问题相同或相似的人组成小组（几人至十几人）同时给予干预，让小组成员利用团体内人际交互作用，分享紧张和焦虑，进而接纳自己的危机反应，并通过观察别人的行为表现来反思自己，思考应对危机的方法，消除心理困扰。

经历重大突发事件的危机人群适合于进行集体干预。如美国“9·11”事件、印度洋海啸等过后，对具有相似经历的罹难者开展团体干预效果较好。高校的危机干预在很多情况下也较适宜采用团体形式，如针对贫困生这一群体普遍存在的心理问题而开设的“贫困生成长辅导小组”，在约定的时间进行团体心理干预；又如针对大学新生而开设的以解决大学生活适应问题而开展的团体干预；针对毕业生群体开设的以化解毕业生求职心理问题的干预；等等。这些都是切合实际并行之有效的方法。

（三）电话干预

电话干预是危机干预较为常见的方式之一，根据国内外的有关报道，热线电话咨询对于自杀企图的危机干预和预防有很大帮助。1953 年英国伦敦首次开通电话心理咨询服务，1968 年电话心理咨询服务又在美国兴起。我国于 1987 年在天津开通了第一个电话心理咨询热线，此后，各地的“心理倾诉”“午夜心语”等热线如雨后春笋般出现，但普遍存在的专业化程度不高的现实使得干预的效果受到影响，而真正从事专业心理危机干预的 24 小时热线更是少之又少。

电话干预采取边解答边记录的方式，其内容包括当事人个人基本情况、主诉、咨询问题、有无自杀倾向、危机反应、提供建议等。由于电话咨询的心理干预活动排除了一切非语言如表情、手势和姿态等的交流，完全依靠有声语言如语调、语气和语速等迅速判断当事人的精神状态和情绪变化，因此对干预人员的素质要求更高，其需要具有较高的交谈技巧和聆听能力、一定的临床经验和判断能力。危机干预工作者要耐心聆听并通过语言附和来表达自己对当事人的关注，在了解了当事人的处境和感受后，要对其表示理解和接纳，向当事人提供情感支持和鼓励，增强其自信心，改变其非理性的认知，但不要急于向其提供解决问题的方法，也不要做没有把握的承诺，更不要进行不切实际的安慰。

与面对面的干预方式相比，电话干预有其明显的优势，即保密性和即时性更强，但其劣势也是不容置疑的。最好的处理方式是实现电话干预与其他形式如面对面干预的结合。电话干预起到了初步收集信息、提供转诊建议等的作用。

（四）网络干预

互联网作为一种先进的信息技术工具，是继报纸、广播、电视后的又一新兴媒体。互联网的应用和普及为心理危机干预提供了更为广阔的空间，各种心理咨询网站也应运而生。

目前在互联网上，主要通过电子邮件、网上聊天等方式来实现心理干预。电子邮件以其方便、快捷、保密性强及不易丢失等特点在一定程度上弥补了传统书信咨询的不足，是对书信咨询形式的一种有益补充及延伸。网上聊天咨询与电子邮件相比更为即时和顺畅，也是目前普遍采用的一种网上干预方式。

网络干预特别受大学生的青睐，与其他形式的干预相比，其优越性显而易见，如价格低廉、方便快捷、保密性较强等，但其弊端也是不容置疑的。危机干预工作者与当事人的交流通过文字、以计算机为界面来进行，传统干预中的有声语言及无声语言信息都无法从中获取，双方的信任关系难以建立，干预效果不尽如人意。但是，我们仍然欣喜地看到：随着互联网技术的飞速发展，如语音聊天、视频聊天等的普及，网络干预的不足正在被弥补，网络终将在心理危机干预领域中大有作为。

第六章　大学生心理危机预防

大学阶段是青年人成长的关键时期，这一时期既有机遇又有挑战。适应环境、建立良好的人际关系、做好人生规划等都是大学生必须面对的发展课题，这些课题的顺利完成是大学生个人成长的关键所在。大学生心理危机预防的终极目标在于提高其心理素质、增强其心理机能、使其圆满完成成长的蜕变。

第一节　扩展视野下的危机干预

一、危机干预的扩展化诠释

在前一章，我们已经用很大篇幅介绍了危机干预的概念和理论，在这一章，我们试图对前一章所述的"危机干预"进行"扩展化诠释"，从广义上来对其进行重新界定。

（一）扩展性危机干预的概念

一般而言，危机干预是对处于危机中的个体进行帮助，使其尽快恢复到危机前的平衡状态，重治疗、重事后干预，我们姑且把这种干预称为反应性危机干预，即当危机信号传达到干预中心后，中心迅速采取行动，启动危机干预系统。但毫无疑问，这种反应是被动的，且干预目标多是消除当前症状，不涉及人格矫治等深层次问题，在一定程度上为危机的再次发生埋下了隐患。因此，我们倡导实行积极的、预防性的危机干预并将其与反应性危机干预相结合。预防性危机干预的对象是全体大学生，而并不仅限于危机中的个体，它重事前预防、重教育与辅导，基本目标在于防患于未然，把有可能发生的心理危机遏制在萌芽状态，更高层次的目标在于增强个体抵御危机的能力，培养其健全的心理机能，促进其成长和发展。

事后干预与事前预防相统一、治疗与教育相结合，是"大干预"观念下的危机处理策略，也是高校危机干预的主导思想。若要给这种广义的危机干预做个概括，那就是采取教育、辅导、咨询、治疗等各种可行的方式，预防危机的发生并使现存的危机得以解决。

（二）“双模式、双阶段”理论

“双模式、双阶段”理论是“大干预”观念下的危机干预理论。“双模式”指心理—教育发展模式与心理—医学治疗模式；“双阶段”指危机发生前的预防性危机干预阶段和危机发生后的反应性危机干预阶段。“双模式”与“双阶段”相结合才是真正意义上的、全面的危机干预。

1. 双模式

危机干预的不同模式体现了不同的干预思路与理念、方法与手段、目标与定位，为高校危机干预工作指明了方向。根据危机干预工作的理论依据和实际操作，我们把危机干预的模式分为心理—医学治疗模式和心理—教育发展模式。从名称可以看出，两者均采用了心理学的方法，但前者具有明显的临床医学色彩，而后者则偏重教育和辅导，其共同目标是促进个体成长和发展。

首先是心理—医学治疗模式。该模式把罹患心理危机的个体称作患者，认为心理危机的产生主要源于个体心理的变态。在治疗过程中采用心理学和医学的治疗手段，症状识别、心理诊断及神经科检查是其工作的重要环节。心理—医学治疗模式的治疗目的在于消除当前危机症状，使求助者恢复到危机前的平衡状态。从业人员多具有处方权，常常辅以药物治疗。

其次是心理—教育发展模式。心理—教育发展模式的工作对象是遭遇日常生活事件压力的正常人。由于大学生心理危机的应激源多为成长过程中普遍的和必然产生的困扰，因此，以心理—教育发展为导向应成为高校危机干预工作的主要模式。心理—教育发展模式采用一般的教育和辅导方法，化解大学生在学习、生活中所面临的困境，使大学生能够认识自我、悦纳自我，挖掘自身的潜力，最大限度地发展自我；能够充分认识自我与环境的关系，发展良好的人际关系；学会控制和管理自己的情绪，掌握有效的应激应对技巧；具有较强的适应能力、意志力和良好的心理机能等，提高心理危机的免疫力，增强心理素质，实现个人成长和发展。

由医学心理学方法到教育心理学方法、由被动干预到主动预防、由针对少数心理疾病患者到针对多数遭遇生活压力的正常人、由少数专家实施到更广泛人员的参与，这些变化开辟了高校危机干预的新领域，它必将使危机干预工作迈向一个新的台阶。

2. 双阶段

各种心理危机的发生都是有征兆的，而且是可以预防的。鉴于此，在反应性危机干预的基础上，我们提出了预防性危机干预的概念。预防性危机干预与反应性危机干预两者分属危机的不同处理阶段，前者重事前预防，后者重事后干预。

反应性危机干预也就是我们在第四章所讲的危机干预，从危机干预理论提出到如今几十年的时间里，反应性危机干预一直是危机干预的主要方式，它为人类精神卫生服务工作做出了积极的贡献，得到了各国政府和社会人士的支持并逐渐在国内传播开来。但与此同时，反应性危机干预仍然存在一些不足：第一，每一次的危机反应行动都要动用大量的人力、物力、财力，在很多情况下还必须取得警察、消防和医务人员等的配合，耗费了大量的社会资源；第二，由于危机反应的被动性、信息的不对称性和资源的有限性，并不能保证每次危机都得到干预；第三，如果干预不成功，会导致情况的进一步恶化，而即使干预成功，有些损失也是永远无法挽回的。预防性危机干预是相对于反应性危机干预的全新干预方式。它针对全体大学生开展，试图通过一些教育和辅导的措施来防治危机的发生和扩大，与反应性干预相比，预防性危机干预不失为一种更为经济、更为根本的干预方式。

在通常情况下，个体的心理处于一种平衡状态，这时预防就应开展，从宏观来讲，心理预防至关重要。如果心理预防发挥了应有的作用，个体在面临应激源冲击时就可以坦然处之，合理应对并有效化解；但若未接受心理预防，个体则有可能心理失衡、陷入危机，这时就需要反应性干预的介入，它需要一支专业的危机干预队伍与一套高效的危机干预机制来运作，以确保对心理危机进行及时的评估和治疗，使个体恢复到心理平衡状态，这一平衡状态与危机发生前的平衡状态是有区别的，根据干预的效果不同，可能高于危机前水平、低于危机前水平或恢复至危机前水平。

预防性危机干预多是在心理—教育发展模式下展开的，而反应性危机干预多采用心理—医学治疗模式。危机干预应达到一种心理—教育发展模式与心理—医学治疗模式、预防性与反应性干预并重的状态。但在我国目前的情况下，我们倡导实行一种以心理—教育发展模式下的预防性干预（以下简称预防性危机干预）为主，以心理—医学治疗模式下的反应性干预为辅的干预方式，这也是顺应世界心理健康教育发展趋势的一种必然选择。

二、预防性危机干预的必然性和必要性

（一）弥补心理—医学治疗模式干预的不足

反应性危机干预工作需要由受过专门培训的心理咨询师或精神科专家来担任，且需要一套严密的机制来保证其运行。我国目前在这两方面都存在严重的不足，人员的缺乏和机制的不完善必然造成信息不畅和干预不力，各种资源无法得到有效的整合，使许多危机个体失去了干预的最佳时机，甚至得不到任何救助。因此，在当前的情况下，将心理—教育发展模式下的预防性干预作为一种有力补充，不失为明智之举，其起到防微杜渐的作用。预防性危机干预人员具有参与的广泛性，高校教师、思想政治工作者、社会工作者等经过专业训练都可以胜任。预防性干预的形式也是多样化的，可以以讲座、必修课和选修课、橱窗板报、网站等多种形式展开，且收效良好。

（二）节约成本

一次危机干预就像一场战争，不仅需要危机干预工作人员的前线奋战，更需要社会各界的强大后方支援，是规模浩大的系统工程，必然要耗费大量的人力、物力、财力。而预防性危机干预则不同，它虽然也是一项全民参与的活动，且涉及面广，但可以纳入学校的教学计划中，让学生在日常的生活和学习中受到潜移默化的影响，是一项低投入、高回报的活动，它带给社会、学校以及个人的收益是无法估量的。

（三）满足大学生心理危机预防的需要

中国疾病控制中心精神卫生中心公布的一项调查显示，16%~25.4% 的大学生有心理障碍，以焦虑不安、恐惧、神经衰弱、强迫症状和抑郁情绪为主。另外，广东高校学生心理普查的结果显示，约 20% 的大学生存在不同程度的心理障碍，其中一半需要立即安排辅导，另一半则有间发性的精神问题，需要精神咨询。大学生心理危机已成为不容忽视的社会问题，但这其中真正由于心理疾病而引发的危机毕竟是少数的，多数大学生的心理危机还是由学习问题、恋爱问题、人际关系问题、就业问题、经济问题等日常的生活事件引起的，属于大学生成长中必然经历的发展性危机，可以通过教育和辅导等方式来解决。我们应通过心理—教育发展模式下的预防性干预，使大学生积极面对成长危机，以发展的眼光来面对学习和生活中的种种困惑。

（四）全面推进素质教育的需要

素质教育是一种着眼于开发学生潜能，以完善和提高学生全面素质为根本目的的教育。人的素质是一个完整的结构。其中，生理素质是基础，心理素质是核心，文化素质是主体。三种素质缺一不可、协调发展，而心理素质又在素质结构中居于核心地位，具有很大的能动性，发挥着驱动、组织和协调的作用，决定整体素质发展的水平。没有良好的心理素质，素质结构就不完整，这必然导致整体素质水平低、功能差。《中共中央、国务院关于深化教育改革全面推进素质教育的决定》指出：“要加强学生的心理健康教育，培养学生坚忍不拔的意志、艰苦奋斗的精神，增强青少年适应社会生活的能力。”高等教育以培养全面发展的高素质人才为己任，理应注重大学生心理素质的培养，对大学生心理的危机不应仅仅以治疗为目标定位，而应以培养大学生良好的人格、提高其心理调节能力和挫折耐受力、促进其成长和发展为导向。

三、预防性危机干预的目标与策略

（一）预防性危机干预的目标

我们认为，大学生心理危机的预防性干预具有三级目标体系，分别为把即将发生的危机遏制在萌芽状态、降低危机的发生概率、促进个体成长和发展，这三大目标是层层递进的。

1. 一级目标：把即将发生的危机遏制在萌芽状态

在很多情况下危机的发生是有征兆的，而且是可以识别和预测的。如果要把即将发生的危机遏制在萌芽状态，高校就要建立完备的危机预警系统，做到及早发现、及早干预，把心理危机产生的危害降到最低。

2. 二级目标：降低危机的发生概率

危机的产生是应激源作用于易感个体的结果。因此，要降低危机的发生概率，首先需要从控制和减少应激源及降低个体易感性入手。对个体心理产生影响的应激源的性质是不同的，艾尔肯将应激事件分为三类：可预期且可避免的、不可预期不可避免的、可预期不可避免的。其中，除不可预期不可避免的应激源（主要指突发事件）外，其他两类都可以尽可能地控制和减少，如考试前沉迷于网络游戏而没有抓紧时间复习，由此造成的考试不及格是可预期且可避免的；又如因家庭经济困难而交不起学费，这种应激情境是自身可预期但无法摆脱的，这些都可以通过教育、辅导及其他方面的支持来预防和缓解。其次需要关注的是个体的易感因素。在个体易感因素中，除家庭背景、个人经历等属不可控因素外，认知方式、应对机制、应对技巧等都能通过后天的学习获得，以此来降低易感性，减少危机的发生概率。

3. 三级目标：促进个体成长和发展

促进个体成长和发展是危机预防的终极目标。现代精神分析学派的代表人物之一——艾里克森把人生分为八个阶段，人们为了保证自我与社会环境之间的和谐，在每一阶段的更替中便有可能面临相应的危机，这些危机只要处置得当是可以避免的，并且可以实现个体的人格成长，反之，就会降低自我评价，产生消极的行为。艾里克森认为每一次危机都是个体成长的契机，他十分强调早期危机预防和干预的重要性。大学生正处于青年期，这个时期的发展任务是建立自我同一性和发展亲密关系，如果处理得当，大学生将迈出成长中的重要一步；反之，则会陷入心理危机，甚至影响以后的发展。

（二）预防性危机干预策略

罗伯茨提出了在公共卫生、人类服务工作、精神卫生专业方面的现代三级预防策略。一级预防：事先有目的地策划一些项目和活动来预防某些危机的发生，如用来预防在大学校园中遭受不法侵害而开展的教育项目、对大学生进行的有关生育方面的教育等都是一级预防的例子。二级预防：即设计某些策略，尽量对危机进行早期干预以防止问题变得更为严重，如在大学生心理辅导中心提供专门服务，以控制学生离校出走的行为。三级预防：综合采用危机干预策略以防止危机的扩大。

针对我国大学生的心理危机实际，我们提出了教育和预警两大预防对策。教育的目的在于增强大学生的心理素质，提高其危机应对能力、危机耐受力和危机免疫力，预防危机的发生；预警的主要目的在于及时掌握危机信号，及早化解危机，遏制危机的发生。教育和预警两大对策互为补充，共同起到大学生心理危机的预防作用。

第二节　大学生心理危机教育

通过教育来降低大学生心理危机的发生概率，是预防性危机干预的一大举措。针对危机的预防教育包括大学生心理健康教育、思想教育、危机认识与应对教育三大类别十一个主题项目，此外，加强校园文化建设，为大学生创造良好的心理外部环境，在危机预防方面也不可或缺。

一、大学生心理危机十一个主题预防教育项目

（一）主题一：认识你自己——大学生自我意识的完善

自我意识是个体意识发展的高级阶段，也是意识的核心层面，包括自我认知、自我体验、自我控制三个方面，简言之，自我意识就是对自己及自己与周围关系的认识，包括对自己的身体、心理、社会特征等方面的认识。大学生正处于青年期，生理、认识、情感各方面发生了深刻的变化，他们开始关注自我，开始发现、体验自己的内心世界，而与此同时，大学生的自我意识也进行着不断的分化与整合，并在不断的分化与整合过程中逐步得到完善。大学生自我意识相关教育要使大学生掌握自我意识的含义、结构和发展规律，了解大学生自我意识发展过程中常见的困扰，促进大学生自我同一性的确立和自我意识的完善，使大学生能够客观正确地评价自我、悦纳自我，使自我认识、自我体验和自我控制相协调，理想自我与现实自我相统一，在一定程度上降低心理危机发生的概率。

（二）主题二：我要飞得更高——大学生适应能力的提高

适应能力是指一个人面对新的或变化了的环境，在心理上进行自我调节，实现内部心理状态与外界环境的动态平衡，以使自己适应外界环境的能力。大学生中很多心理危机的产生都与适应不良有关，这在新生中比较常见。当今的大学生很多都是独生子女，从小在家长的关爱和呵护中长大，自理能力和独立生活能力较弱，初到一个陌生的城市，面对着陌生的人群，很多人都面临着严峻的生存考验。有的大学生不适应集体生活；有的不会整理自己的内务；有的对学习方式感到很不习惯；而有的无法处理与新同学的关系。适应能力的不足会影响个人的生存和发展。适应教育就是要使大学生明确适应能力的重要性，以及适应能力的提高与个人发展的关系，分析大学生中常见的适应不良现象及其负面影响，

使大学生明确外部环境对他们所提出的挑战，引导他们学习适应、生存与发展的技能，提高其心理适应能力。

（三）主题三：做生活的主人——加强大学生挫折教育

一个人的人生道路是由主客观诸多因素综合作用而形成的。在人生实践中，人们会遭遇种种境遇。境即人生所处的环境和处境；遇即人生道路上的机会和遭遇。人生境遇对人的影响非常大。人生过程与自然过程相比具有更多难以预料和把握的偶然因素。由于外部环境和主观努力等因素的变化，人生道路中必然会出现顺境和逆境，即使在良好的社会环境中，个人的发展道路也不总是一帆风顺，逆境会时有出现。

顺境和逆境均具有两重性。一般而言，顺境能使人感到愉悦，有利于个人知识才能的发挥和成就的取得，对人的成长有利，但若一味陶醉于顺境中而不思进取、放弃主观努力，即使处境再为优越也难以有所成就。逆境可以磨炼人的意志、催人奋发向上。有时，顺境和逆境之间并不存在不可逾越的鸿沟，两者相比较而存在，在一定条件下还可以相互转化。同其他事物的矛盾运动一样，顺境和逆境也是双向流动的、可变的和对立统一的。

挫折是指人们在某种动机的推动下，由于目标受阻或身处逆境而产生的消极情绪反应。广义的挫折还包括挫折情境和挫折认知。挫折虽不必然导致心理危机，但它是心理危机的应激源之一。挫折耐受力也叫挫折承受力，是个体遭遇挫折时能否经得起打击、有无摆脱困境或避免心理和行为失常的能力，简言之，就是承受挫折的能力，较强的挫折耐受力可以有效避免挫折对人的心理产生的负面影响，化挫折为前进的动力。挫折教育的目的是使大学生正确认识挫折、了解挫折产生的原因，指导大学生对挫折进行正确的心理归因，分析目标无法实现的客观原因，使其学会把失败归因于个人内部的不稳定因素，如个人努力不够等，培养大学生较强的挫折耐受力和坚忍不拔的意志品质，提高其应对挫折的能力。

虽然每个人都希望机遇能够时时垂青自己，但我们必须认识到顺境和机遇只是客观条件，要利用这些条件并使之发挥作用，还必须做出主观的努力。对于大学生来说，当前最重要的是抓紧时间勤奋学习、刻苦锻炼、积累知识、增长才干，为捕捉人生机遇、实现人生抱负打下坚实的基础。同时，逆境也是人生的一笔财富，逆境给予我们的不仅是困难和挫折，也常带给我们有益的启示。我们应当在逆境中看到有利的因素，学会从失败中找出原因、总结经验，在努力克服困难的过程中发现自身的不足，进而不断学习与提高自己的能力，发挥自身潜能，不断完善自己，开辟通往成功的道路。

（四）主题四：成为你自己——大学生良好人格培养

人格（也叫个性）是伴随人一生并不断发展的心理品质，它包含两个方面的含义：一方面是个体表现出的种种言行和所遵从的社会准则，也就是我们可以观察到的外显的行为和人格品质；另一方面是内隐的人格成分，即真实的自我，是人格的内在特征。一般来讲，人格由气质和性格两部分构成，气质通常是与生俱来的，而性格是在后天环境中不断养成的。人的个性不能简单地被评价为优或劣，但不同个性的人对心理应激源的确有着不同的体验，人格在很大程度上决定了个体危机易感性的强弱。大学生正处在人格发展的关键时期，因此要对其进行人格与个性教育，使他们正确认识和对待自己的个性，接纳自己的独特性，发现其中的优势和劣势，克服消极因素，发扬积极品格，形成良好的个性。

（五）主题五：爱与成长——树立健康的恋爱与性观念

爱情是人类永恒的话题。每个健全的人在成长过程中都有过懵懂和青涩的初恋，都有过令自己魂牵梦萦的爱情。爱情是人世间最美好的情感之一，爱与被爱都是一件极为幸福的事。爱与性的关系极为密切，真正的性是建立在爱情的基础上的。

我们应对大学生进行恋爱与性心理教育，使其对爱情的本质有较深入的理解，明确真正的爱情不仅仅是花前月下、耳鬓厮磨，而是互相激励和共同进步，是相知相伴、同舟共济；使大学生树立健康的爱情观，学会处理恋爱中的各种问题；使大学生学会处理爱情与友谊、学业与个人发展的关系，逐步培养爱的能力，学会自爱和爱人。性心理教育要使大学生了解和掌握性心理发展的规律，明确性冲动和性渴望是正常的生理现象，了解性心理问题的表现和产生的原因，培养健康的性心理和成熟的性观念。

（六）主题六：自我与他人——确立良好的人际关系

人是社会性动物，每个人都是错综复杂的社会关系网络中的一个节点，每个成长中的大学生都希望自己生活在良好的人际关系氛围中。的确，健康的人际关系可以为我们提供丰富的社会支持资源，特别是在危机状态下，社会支持系统可以帮助我们有效地应对危机、获得成长。而心理危机往往与缺乏相应的社会支持资源有关。因此，如何与人保持良好的关系是值得大学生学习与思考的。

良好的人际关系背后是一个人开阔的心胸。人当有容人之量，能够设身处地地为他人着想，能够换位思考，具有同情心和共情的能力，这有利于良好的人际关系的建立。自我心理的开放度是大学生人际交往中非常重要的一点，在人际交往中首先要不吝惜你的付出，当你向别人敞开心扉时，别人才会走近你。有句俗语讲：“你离别人的距离有多远，别人离你就有多远。”一个自我封闭、心灵闭锁的人有时更渴望大家的关心与爱。曾有一则哲理故事这样说道：“把别人当自己，学会设身处地；把自己当别人，学会换位思考；把别人当别人，尊重个体差异；把自己当自己，接纳自己的独特性。”从四个角度诠释了人际关系的内涵。

很多大学生期望学习人际交往的技巧，获得更高的人际交往能力。事实上，人际关系中，人与人之间的真诚与信任才是人际关系的支柱，没有了真诚与信任，再好的技巧也不过是水中月。然而，仅有真诚与信任也是不够的，还要注重对方的反馈，做一个积极的倾听者，相互支持、互动、共通的人际关系才是正常而健康的。

（七）主题七：为未来定位——大学生生涯规划

成长和发展道路上的每一次抉择都会给人带来种种的困惑和不确定感。大学生生涯辅导就是帮助大学生了解生涯规划，明确生涯规划的意义和作用，了解自我的各种特质，掌握职业与教育环境资源，在面对生涯选择时对各种机会和资源进行评估，并最终确定生涯目标。大学是人生全新的开始，为自己的学习和将来的职业发展确定一个目标和定位，充分发挥自己的潜能，是每一个大学生心中所向往的。

史密斯用 5 个字母 SMART（“聪明”之意）来说明如何为自己设定目标。

S（specific）：描述自己所要完成的特定目标。在自己的目标确定后，一定要清楚地对它进行描述并记录下来。如果你的目标仅是心中一个美好而模糊的期待，那么你就不清楚在什么时候可以实现，也不知道达到什么状态就表明了目标的实现。

M（measurable）：可测量的。目标必须能够量化，这样你就会知道你是否完成了、是否进步了，以及目标实现的进度如何。

A（action-oriented）：行动取向。目标必须有具体的行动或行为取向，要达到某一目的，必须要求自己在近几天或近几个月之内完成某件事。如目标是“我要过六级”，那么我每天必须牢记 50 个单词，把目标转化为一个个具体的行为。

R（realistic）：实际可行的。目标必须具有可行性，且符合个人的实际情况，对于个人来说，设定过高或过低的目标都是不科学的，过高的、无法实现的目标会使人产生挫折感，而太容易实现的目标又不具有挑战性，达不到个人成长的目标。

T（timely）：在合理的时间内完成目标。目标的设定必须具有时间要求，如在某年或某日实现什么样的目标，当然时间的设定必须合理，根据自己完成目标的能力和实际情况来确定。

明确的理想和目标是保持良好心态的关键。生涯规划大大减少了大学生对未来的不确定性及自身的无价值感。只有当我们明确自己的人生目标时，才能对人生保持一种真实的期待，才能把所有的力量和资源都集中在这个方向上，同时，也才能充满智慧地避开或应对那些生命中的危机、控制环境与资源。生涯规划让我们具有了一种在一开始就看到结果的技巧，这种技巧在很大程度上会带来理性和具有预见性的行为。

（八）主题八：直面压力——大学生压力应对

正如一位社会学家所言，压力已经成为我们生活的一部分，每个人都生活在压力之中。当今的大学生面临着多种压力，如学业压力、经济压力、就业压力、情感压力、人际交往压力等。压力有两面性，一方面，当压力过大超出了个体的应对能力时会使个体陷入心理危机，产生不良后果；另一方面，压力又是积极的，没有压力的生活是无法想象的，一个人生活中若没有压力，他就失去了生存的动力和方向。压力激发了人的积极性和潜能，促进了自我价值的实现。因此，对于大学生来讲，要积极地去适应压力、迎战压力、管理压力、控制压力，化压力为发展的动力，真正实现个人成长。但同时，对于压力的管理也要与个人能力相结合，压力只有在人的潜能的限度内才是积极的，如果大到个人能力所不及的程度，它将对人产生危害。

近年来中国社会出现的精英阶层“过劳死”、亚健康状态和幸福指数下降等问题都与压力有关。精英阶层对自己的要求较高，社会对他们的期待也较高，自我和外界的期望加重了他们的压力，引起了身体与心理的超负荷，最后导致其身心疲惫。大学生要正确认识自我，结合自身情况树立合理目标，并逐个攻破。优秀大学生尤其要关注自身压力，分析压力的来源，进行适当心理减压，保持健康的身体和良好的心态，为迎接将来职业的挑战打下良好的心理基础。

当然，除了对压力情境进行管理和控制外，大学生也应当掌握一定的压力应对技巧，它对于保持个体心理平衡、促进身心健康发展有积极的作用。如深呼吸是消除紧张、放松身体的最简便易行的方法：双手放在大腿上，背挺直（或平躺屈膝，双手放身体两侧），然后再将手慢慢放在腹部，吸气，呼气，吸气……感受腹部的收缩和放松。又如肌肉放松练习，要学会区分肌肉的紧张状态与放松状态，先让自己特定的肌肉群保持紧张，坚持一段时间后放松，放松一段时间后再保持紧张，全身的每一块肌肉都如此反复，体会放松与紧张状态的不同。刚开始做放松练习可能比较困难，但慢慢就会运用自如，并逐渐体会完全放松状态下的愉悦。

此外，多做运动、多听一些舒缓身心的音乐、培养自己广泛的兴趣爱好等，也可以起到减压的作用。在运动时，人体能产生对抗压力的荷尔蒙，增强体内的循环功能，减少疲惫和压力感；音乐可以在很大程度上影响人的情绪，好的音乐可以陶冶人的性情，使人心旷神怡、消除苦闷、振奋精神，如《春江花月夜》《蓝色多瑙河》《高山流水》等国内外名曲都是不错的选择。

（九）主题九：做情绪的主人——大学生情绪管理

大学生正处于生理、心理及思想变化时期，心理状态及情绪不稳定，缺乏社会生活的磨炼，情绪控制力较低。不良情绪会妨碍人的身心健康，且容易使人产生过激行为。因此，应对大学生进行科学指导，使其了解情绪的类型及发生机制，明确情绪对日常生活和身心健康的影响，观察自己的情绪表现，学会自我情绪调节和管理的技巧，保持良好、健康的情绪状态。美国临床心理学家阿尔伯特·艾利斯于20世纪50年代创立了理性情绪疗法，其核心是摒弃非理性的、不合理的、绝对化的观念，树立科学正确的观念。艾利斯认为，情绪并不是由某一诱发事件本身直接引起的，它与经历事件的个体对这一事件的解释和评价有关。他提出了ABCDE模式。

A（activating events）：诱发事件。

B（beliefs）：由A引起的信念（对A的评价、解释等）。

C（emotional and behavioral consequences）：情绪和行为的后果。

D（disputing irrational beliefs）：与不合理观念的辩驳。

E（new emotive and behavioral effects）：通过治疗达到新的情绪及行为治疗效果。

在日常生活中，还有很多不良情绪自我调节法。

①积极的自我暗示。心理暗示是个人通过语言、形象、想象等方式，对自身施加影响的心理过程。积极的自我暗示会起到正向的强化作用，会使我们保持良好的心情和乐观自信的品质，如默默对自己说“冷静”“理智”“三思而后行”等。

②转移注意力。当你感到郁闷、气愤时，可以分散自己的注意力，使不良的情绪渐渐消失，如可以外出散步、听音乐、与朋友聊天等，把注意力转移到自己感兴趣的事情上。

③适度表达。不良情绪应得到适当的调节和管理，但却不能一味地压抑。长期对情绪的过分压抑会对人的身心健康产生伤害，因此情绪的宣泄和表达是必要的。当然应以较为合理、不对社会与他人造成危害的方式对情绪进行宣泄，如找好友倾诉、进行强度较大的体育运动等。

除此之外，生活中我们还有很多常用的情绪调节方法，如自我安慰、情绪升华等，大学生要根据自己的实际情况，寻找适合于自己的情绪调节方法，防止不良情绪的泛化和蔓延，为自己创造良好的心理空间。

（十）主题十：做真正的人——大学生人生观、价值观教育

人生观是指对人生目的和意义的总的看法和根本态度，它主要解决“人为什么活着”和“怎样活着”等人生目的和价值问题。价值观是个体以自身需要为尺度，对各种事物和现象的价值进行认识和评价时所持的基本观点。大学生人生观和价值观的主流是积极向上的，然而面临多元文化和价值的艰难抉择，一些大学生陷入了迷茫中，如茫然不知所措、内心空虚、随波逐流、缺乏动力与追求、沉溺网络等，引发了存在性危机。存在性危机的干预难度远远高于境遇性与发展性危机，其影响深刻而持久。人生观、价值观错位导致的极端个人主义、利己主义、拜金主义和功利主义的蔓延，使恶性危机如自伤与伤人事件呈上升趋势，其应引起高度重视。

（十一）主题十一：认识危机——大学生危机认知和应对教育

由于大学生对心理危机的认识不够，甚至存在很多误解，如心理危机是一种精神疾病的表现、正常人不会陷入心理危机等。因此应对大学生进行危机认知教育，使其了解什么是心理危机、心理危机的成因和表现、大学生中比较常见的心理危机等基本常识，使大学生明白心理问题并不都是病态的表现，正常人在外来强烈和持久的刺激下也会产生心理问题，大学生心理问题的防治需要大家共同努力。

危机应对教育要使大学生学会“三助”，即学会自助、学会求助、学会助人。学会自助：要自觉提高自身的心理素质，抵御心理危机的侵扰；学会求助：在发现自己出现危机征兆时及时向外界或专业的心理机构求助，以尽快解决问题；学会助人：对于周围陷入心

理危机或存在自杀危险的同学，我们要及时给予其支持和帮助，必要时诉诸专业机构。

二、为大学生创造良好的心理外部环境

（一）营造积极健康的社会及校园文化氛围

社会与校园环境对大学生心理健康的影响极大。对于社会来说，要形成公平竞争的良好风气，杜绝丑恶现象的泛滥；各种传播媒介要宣扬积极健康的文化和价值观，避免色情、暴力等不良思想对大学生的影响，形成良好的社会文化氛围。大学校园是大学生学习和生活的主要场所，校园文化对大学生的影响是潜移默化的。因此应不断加强校园文化建设，开展各类文体活动，丰富大学生的课余文化生活，使大学生在活动中发挥自己的专长、加强交往、增强自信心、调整心态，提高大学生的环境适应能力，培养其奋发向上和积极进取的精神；开展各种学术活动，形成浓厚的校园学术氛围，使大学生自觉抵御不良思想和文化的侵袭；为大学生提供合理的情绪表达的机会，使其不良情绪得以宣泄，以免破坏性行为的发生。

（二）为特殊群体提供帮助

大学生中存在许多心理危机的高发群体，如贫困生、独生子女、新生、毕业生、学习困难学生、问题学生等，他们面临着一些特定的心理应激源，这些特定的应激源使他们比其他学生更易陷入心理危机。如对于贫困生而言，虽然表面看来他们与其他同学一样学习生活，但他们却背负着沉重的心理负担：“今年太干旱了，地里收成又不好”“下个月的生活费还没有着落”“天气这么冷，爸爸的老毛病又该犯了”……对家庭和生计的担忧时刻困扰着他们。各高校为贫困生提供了许多优惠政策，如奖、贷、勤、补、免等，以解除他们的后顾之忧，社会也广开救助渠道，对贫困生进行资助，并取得了应有的效果，但这些政策还需要进一步的规范和加强。同时，与物质支持相比，贫困生更需要的是一个愉快的心理成长环境，针对贫困生的心理健康辅导必不可少。此外，高校也应开展针对新生生活和学习的适应性教育、针对大四毕业生的职业生涯辅导等，减少和控制这些特殊群体的应激源，缓解他们的压力。

第三节　大学生心理危机预警

为了遏制潜在的或即将发生的心理危机，高校必须根据心理危机的形成机制建立大学生心理危机预警系统。目前，我们需要做的是加强大学生心理档案及预警信息报告制度建设，做到防患于未然。

一、大学生心理档案与危机预警

（一）大学生心理档案建立的原则

1. 科学性原则

首先，选取的测量工具要具有科学性。目前我国常用的国外量表包括症状自评量表、身心健康量表、抑郁自评量表、卡特尔十六因素人格测验等，这些量表较为成熟，信度、效度检验均良好，但由于是直接从国外引进，且并非主要针对大学生，测评结果难免会存在一定的偏差。为更加准确地掌握大学生的心理健康状况，教育部组织我国心理学专家用三年时间制作了第一个“适合中国特征”的本土化的大学生心理健康测评量表，并于2004年新生开学时在教育部直属和北京等市属高校试点测评。中国大学生心理健康相关评定量表包括四个量表，即中国大学生生活应激量表、中国大学生心理健康量表、中国大学生适应量表和中国大学生人格量表，分别测查大学生在一段时间内（如一年内）经历过的生活事件和对事件性质的评价、大学生在学习和生活的适应过程中所出现的心理障碍及症状、大学生活和社会适应状况、大学生人格或性格特征。

其次，对于所收集的信息要持客观公正的态度。要根据所获信息并结合学生的行为表现来进行分析和归纳，档案记录要客观、真实地反映学生个性心理特点和心理健康状况，不能随意增减或更改某些材料、记录及统计结果，解释工作应由专业人员负责。

最后，运用现代技术进行数据的收集、存储、分析和管理。在建立大学生心理档案的过程中，应积极引进现代管理手段，以方便相关资料的检索、分析和修改，提高工作效率。可将量表制成软件，以方便普查工作的展开。数据分析也可以使用现代化的统计分析软件进行，特别是档案的管理，传统的管理工作纷繁复杂，档案存储数字化已成为发展趋势。

2. 保密性原则

大学生心理档案不同于一般人事档案，不能作为学生品行评定的依据，不能随意向教师、家长、同学公开，具有隐私性，除对学生本人保留知情权外，其中的信息应严格保密，仅限于专业人员研究和评估之用。一名合格的危机干预专业人员应加强自身的职业道德和品德修养，坚守档案秘密，尊重学生的隐私，维系师生双方的信赖关系，并将此作为一项义不容辞的义务。为做到严格规范、管理有序，负责建立学生心理档案的机构必须制定心理档案管理条例，对心理档案管理机构的分工、收集、整理、借阅、保管等都要有明确的规定，并落实责任措施。

当然，保密性原则在特殊情况下也要有一定的灵活性。比如，学生的心理状况恶化并有可能对自身或他人的生命产生威胁时就应及时将信息公布，配合各方力量控制事态发展。

3. 动态性原则

动态性原则包括两方面的含义。首先，要对档案信息进行及时更新。除每年新生入学进行心理健康状况及个性特征等全面普查外，在建档后也要经常追踪学生心理发展动态，档案信息要随着学生的成长而更新，每学年要对重点人群进行重点追踪测查。其次，要以发展的眼光看待学生的心理问题。不仅要在问题的分析和把握中善于用变化的观点动态考察，而且在问题的解决和结果的预测上也要具有发展的眼光。这要求专业人员具有较强的洞察能力和预见能力，以积极的态度指导和帮助学生，创造条件促使其成长和发展。

（二）大学生心理档案的主要内容

建立大学生心理档案的目的是为高校更好地开展心理教育、培养高素质创新人才服务。大学生心理档案制度是在实践中逐渐建立、丰富和完善的，通常包括以下几方面的内容。

①学生基本情况，如姓名、性别、出生年月、民族、政治面貌、应/往届生、年级、专业、对自己目前情况的满意度、宿舍及联系方式、身体健康状况、兴趣爱好、人际交往状况、入学以来的学习情况、既往病史、入校前就读学校类型、中学学习情况等。

②家庭情况，如家庭结构、家庭教养方式、家庭氛围、亲子关系及质量、家庭经济状况、父母的受教育程度、家族病史与自杀史等。

③个人生活事件，即生活经历中对大学生产生重大影响的生活事件，如父母离异、亲人亡故、考试失败、失恋、交通事故、被人误解、经济困难等。

④心理测量结果及综合评定，如使用量表、心理测量时间、施测量表、心理测量得分和结果记录、测量结果综合评定及辅导建议等。

⑤专业求助记录，如是否接受过心理辅导与咨询、咨询时间、问题及症状、交谈情况、处理意见、辅导效果评价、反馈信息等。

以上五个方面的内容是危机干预工作者必须了解的信息。但完整的心理档案不仅有助于心理危机的预防与干预工作的开展，而且能够促进学生潜能的开发，它以学生的职业发展为定位。因此，完整的心理档案的内容还应该包括大学生的智力状况、学习心理、职业能力倾向、择业期望等信息，以及专业人员据此提出的指导意见。

（三）大学生心理档案的危机预警功能

危机干预工作人员与学生接触的机会不多，因此他们通常不能及时发现学生的心理问题，而班级干部、辅导员等对学生的心理问题也不能及时觉察，而心理档案的建立则可通过定期专业化的心理测验及早发现学生的心理问题，为危机干预提供重要的预警信息。心理危机工作人员在筛查出高危人群信息后应及时组织力量进行进一步的心理评估，结合学生的生活、学习等各方面情况最终确定预警对象，并分情况给予不同的处理。根据心理筛查标准，将可能有严重心理问题的学生筛选出来，由大学生心理咨询研究中心发出约请信，主动约请这些学生进行心理咨询面谈，有经验的心理咨询员或心理咨询专家根据面谈结果，对其进行心理评估。

这里尤其要注意的是，判断学生有无心理疾病是一项慎之又慎的工作，决不允许有一丝轻率，不能根据一次测试或某一个量表下结论，更不能只凭某一项指标就武断地下结论。由于测试过程的不确定因素较多，应对数据进行仔细论证，不能随意“戴帽子”“贴标签”，待与学生进行面谈和多方面了解后再结合测查结果进行慎重考虑。

根据普查结果和面谈情况，将学生的整体心理素质情况向院系通报，以使辅导员或班主任在工作中做到“心中有数”，有意识地关注这些易感学生，为他们提供心理支持，帮助他们尽快适应大学生活。对于有心理困扰的学生，要帮助他们分析原因，促使他们转换角度去认识生活中的困难和面对成长中的危机，共同商讨具体方案、措施并付诸实施。通过多种方式帮助他们缓解心理压力、消除各种心理困扰，走向新的生活。

二、大学生心理危机三级预警网络

要做好大学生心理危机的预警工作，除建立大学生心理档案、对高危人群进行筛选和干预外，还应完善大学生心理危机预警信息处理和汇报制度，构建学生骨干、辅导员、专业人员三级预警网络，推动教职员工、广大学生参与学校的危机干预工作，建立汇报、筛查、控制、跟踪、反馈一体化的工作机制，做到及早发现、及早预防、及时疏导。

一级网络：主要为广大学生。要在大学生特别是学生骨干中普及危机预防和干预的基本常识，充分发挥班级学生干部、学生党员的骨干作用，加强他们与其他学生思想和感情上的联系和沟通，当异常情况发生时能够做到及早发现、及早报告，把可能出现的过激行为遏制在萌芽状态。对于接受干预的危机当事人，学生干部要做好跟踪援助工作，帮助当事人顺利渡过危机，使其恢复心理功能和正常心态，发现异常情况时应及时汇报，避免事态的进一步恶化。目前，很多高校设立了班级心理委员、心理保健员、心理信息员，他们专门负责班级学生心理危机的汇报、控制和跟踪工作，起到了危机预防知识宣传员、观察员、咨询员、联络员的作用。

二级网络：主要为院（系）辅导员及学生管理人员。班主任、辅导员应定期接受心理健康及危机干预培训，了解危机症状，及时发现学生的异常问题，与校危机干预中心进行协调，尽可能实施干预，并负责与学生家长建立联系。

三级网络：主要为学校专业危机干预人员。根据相关测查结果，危机干预中心在筛查出高危人群信息后应存档备案，并向各院（系）辅导员发出预警信息，促使其协助中心进行跟踪和监控。对于有严重危机倾向的学生，中心应预约本人来访，帮助其疏导情绪、解除困扰，降低危机发生的可能性。若发现学生中有精神疾病患者，应及时与当地的医疗卫生机构取得联系，进行转介治疗。

第七章　大学生自杀及其干预

第一节　大学生自杀的理论与实践

一、大学生自杀：一个沉重的话题

危机干预理论认为，极端的行为如果能及早发现是可以避免的。在人体内，生的本能与死的欲望同时存在，选择自杀的过程就是生死冲突的过程，如果死的欲望占据上风，则自杀行为在所难免。外界对自杀企图者的帮助在于强化其活下去的信念。

大学生自杀是个人和家庭的悲剧，也是社会的极大损失。家庭、学校和社会有责任、更有义务帮助那些已经陷入心理危机的大学生走出自杀的泥沼。面对一例例触目惊心的事件，我们不禁发出疑问："是什么导致了大学生的自杀行为？"清华大学樊富珉教授指出，学业压力、抑郁症或其他心理疾病、环境适应不良、失恋及其他原因是引起大学生自杀的五大原因。在我国，自杀已经成为全社会关注的问题，也是一个备受全世界关注的问题。被喻为"天之骄子"的大学生肩负着家庭的期望与社会的重托，代表着国家的未来与希望，轻易放弃生命的做法是极不可取的。

二、自杀的理论与实践研究

（一）自杀及自杀率

对自杀的研究已成为伦理学、心理学、社会学、医学、人类学等学科共同关注的课题。一般来说，自杀是指个体在复杂心理活动作用下，蓄意或自愿采取各种手段结束自己生命的行为，自杀率是指每十万人口中的自杀比例。自杀的原因较为复杂，呈现一果多因的特征，其中抑郁症与自杀密切相关。

人类对自杀的认识经历了一个漫长的过程，在古代西方，自杀被认为是犯罪行为，为社会所禁止，欧洲文艺复兴后，自杀被认为是个人权利，社会应尊重个人的选择权，不应进行干预。因此，瑞士、法国、英国分别于1770年、1791年和18世纪末废除了禁止自杀方面的法律，与此同时，学者们开始关注自杀的发生机制、个体及社会文化原因。

最早研究自杀行为的是法国社会学家迪尔凯姆，他率先提出了关于自杀的概念：人们把任何由死者自己完成并知道会产生这种结果的某种积极或消极行动直接或间接引起的死亡称为自杀。迪尔凯姆认为，自杀是一种社会病态，他将自杀分为利己主义自杀、利他主义自杀和反常的自杀三类。利己主义自杀是由冷漠所致，继发性的变化为消极的抑郁和自我欣赏、多疑和不抱幻想的冷静；利他主义自杀由强烈的激情或坚强的意志所致，具有冷静的责任感、神秘的热情和平静的勇气；反常的自杀由恼怒和厌恶引起，表现为强烈地指责一般生活或某一特定的人。

20 世纪 30 年代，受世界范围内经济危机、战争、人口老龄化、失业等因素的影响，自杀率一直攀升，自杀成为严重的社会问题，1948 年澳大利亚精神卫生协会首次提出“消灭自杀”的呼吁。

第二次世界大战以后，自杀特别是青少年自杀的问题越来越受到重视，统计数据更为科学。自杀问题再次成为心理学、社会学关注的问题，对其的研究也更为深入细致。学术界认为自杀是一种特定的社会与文化现象，是一种客观存在。学者伊丽莎白・卢卡斯说，如今有一种比艾滋病更易传染、更致命的疾病，那就是否定生命。

世界卫生组织（WHO）的统计数据显示，1950—1995 年间，男性自杀率大约增长了 49%，女性自杀率大约增长了 33%，男性自杀率持续高于女性。而在中国，女性自杀率则明显高于男性，中国妇女自杀人数以农村居多，这与妇女的生活状态、生命认知等有关。在年龄分组中，亚洲自杀人数最多，而自杀率最高的地区是东欧。

近年来，WHO 对各成员国提供的官方数据进行统计，所得结果令人担忧。结果显示，到 2020 年，全世界大约有 153 万人将死于自杀。自杀未遂者是自杀者的 10~20 倍。这些数据表明：全世界平均每 20 秒就有一个人自杀，平均每 1~2 秒就有一个人自杀未遂。

资料显示，自杀人数前十位国家的自杀总额占世界自杀人口总数的 45% 左右，而自杀率最高的十个国家，其自杀人数总和不到全球的 8%，这不能不引起我们的重视。

关于自杀的原因，不同的心理学派有着不同的解释。精神分析学派认为人有生存本能与死亡本能两种本能，支持和助长个体和种族的生存本能的心理能量驱动着人类活动。死亡本能具有复杂的根源，生命的脆弱使人很容易退行到无生命状态。人类虽然远离了早期的生命状态，但内心仍然保持着死亡愿望的心理形式，它可能以自杀的方式直接出现，也可能以从事高危险活动而间接出现。生存本能与死亡本能相伴，当死亡本能超越生存本能时，死亡的潜在危险就出现了。

个人心理学派阿德勒认为，在面对困难时最彻底的退缩表现就是自杀。此时，个人在所有的生活问题面前，已经放弃寻求解决的方式，对改善自己的情绪感到无能为力。当我们知道自杀是一种责备或报复时，便不难理解自杀中对优越感的争取，其也是个体主动选择的结果。在每个自杀案例中，我们总能发现死者会把他的死亡责任归咎于某一个人，他们仿佛在说，我是世界上最温柔、最仁慈的人，而你却这样残忍地对待我！自杀可以被看作是对自卑的屈服，是最彻底的退缩。

意义分析学派大师弗兰克尔认为，人生在任何情况下都有意义，在面临痛苦、愧疚以及死亡的情况下都要肯定生命的形式。他否定任何方式的自杀，认为自杀是对自我不负责任的一种行为。他强调要强化人对生命价值与意义的认识，提高人们对生命的重视程度，最终达到减少自杀的目的。

（二）自杀的分类

第一种分类方法：有学者将自杀分为利他型自杀、自我型自杀、失调型自杀、宿命型自杀、传染型自杀。

①利他型自杀是指在社会习俗和群体压力下或为追求某种目标而自杀。自杀者常常是为了负责任，牺牲小我而成就大我。例如：屈原投身汨罗江，以死唤起民众的觉醒；孟姜女哭长城，殉夫自杀；疾病缠身的人为避免连累家人或社会而自杀；等等。这类自杀者的共同心理是死是有价值的，是唯一的选择。涂尔干认为在原始社会和军队里这类自杀较多，在现代社会里越来越少。

②自我型自杀与利他型自杀正好相反，指因个人失去社会之约束与联系，对身处的社会及群体毫不关心，孤独而自杀。涂尔干认为这类自杀在家庭气氛浓厚的社会发生机会较低。

③失调型自杀指因个人与社会固有的关系被破坏而导致的自杀，如因失去工作、失去学习能力、失去自理能力、亲人死亡、失恋等而导致的自杀。

④宿命型自杀指个体因受外界过分控制与指挥，感到命运不能由自己控制时而产生的自杀行为。

⑤传染型自杀。在有关自杀的研究中，自杀的传染性是一个受重视的现象。不少研究都介绍过因影视、广播等媒体详尽报道一些自杀事件，而使社会上自杀或企图自杀者增加的事实。

研究表明，自杀的模仿性现象及潜意识引导确实存在。对 1973—1979 年美国电视报道自杀事件的研究报告指出，电视报道自杀事件确能导致青少年自杀率上升，越多媒体报道，内容越详尽，则自杀率上升的幅度也越大。

学者们认为最容易引发模仿性自杀的新闻报道有以下特征：详细报道自杀方法；对自杀而导致的身体伤残很少提及；忽略了自杀者生前长期有心理不健康的问题；将引发自杀的原因简单化；自杀者知名度高、社会影响大；使人误认为自杀会带来好处；等等。

为降低自杀的传染现象，学者们强调大众传播媒介注意在报道自杀事件时应该持谨慎态度，应尽量指出自杀者实际有很多其他可以选择的途径，自杀不是唯一出路。

第二种分类方法：自杀也可以分为以下七种类型。

①现实型：这类自杀由这样一种情形促成，确认自己必死无疑，且死前很痛苦。

②利他型：个人行为屈从于团队的道德标准，这个团队是赞成自杀行为的。

③无心型：个人摆出自杀的姿态企图影响或控制他人，结果错误的判断导致了意料之外的死亡。

④泄愤型：与无心自杀一样，这种自杀的焦点也是指向他人，但自杀的意图是真的，旨在通过自杀让他人陷入自责中。

⑤怪异型：个人的自杀是因为幻觉或者妄想而导致的。

⑥失范型：经济危机的爆发明显地改变了一个人的生活，个人无法应对，所以选择自杀。

⑦消极型：长期的抑郁或是长久的失败感与无能感结合在一起，导致反复地进行自杀尝试。

第三种分类方法：1971 年美国国立卫生研究所自杀预防中心及命名委员会将自杀行为分为自杀意念、自杀企图和自杀三类。

自杀意念指从死亡意愿到自杀的一系列想法，当个体面临无法摆脱的困境时会出于自我价值保护产生自杀意念；自杀企图又称为“自杀未遂”，指有以死亡为目的的自伤行为，但未导致死亡；自杀被定义为自我施予、自我意向的死亡。

事实上，自杀意念与自杀企图很难区分，因为大多数自杀行为在产生以前都有一个过程，但这个过程长短不一。自杀倾向也许是隐匿的、急性的或慢性的，在很长一段时间内，自杀想法也许并未暴露，但新问题来临时就会随之出现。

第四种分类方法：有的学者将自杀分为情绪型自杀与理智型自杀两类。

情绪型自杀又叫冲动性自杀，是由突发的偶然事件所引发的，在失控的激愤、赌气、悔恨、内疚、恐惧、绝望等激情状态作用下，所产生的突然性自杀行为，这种类型的自杀进程快、发展期短、突发性强、难以预测与防范。自杀者有时会产生对自己行为的极度后悔心理，并采取力所能及的自救与补救措施。理智型自杀是个体经过长期的评价、判断与体验，逐渐萌生自杀意念，并有目的、有计划地进行的自杀行为，这种类型的自杀进程慢、发展期较长，在自杀发展过程中呈现出比较复杂的心理特征，理智型自杀为危机干预提供了机遇，但其干预难度大、容易反复。

（三）自杀的心理过程

有学者认为，自杀的心理过程为挫折感→虚无感→对现实泛化性曲解与反感→对人、社会的报复心理→绝望→自杀强迫意念→自杀。实际上，只有理智型自杀有明确的心理发展过程，日本学者冈利贞认为，自杀一般经历以下阶段：产生自杀意念→下决心自杀→行为出现变化→思考自杀方式→选择自杀地点与时间→采取自杀行为。我们认为自杀的心理过程为自杀萌生→自杀彷徨→自杀决定→自杀实施。

1. 自杀萌生

一般而言，自杀萌生是自杀者因各种原因出现自杀念头的过程。一些大学生因学业、恋爱、就业、经济、自我认同等方面出现问题而产生消极、悲观的情绪，自认为人生没有意义，且无助感、无力控制感、绝望感一并出现，试图以自杀的方式进行“自我保护”。有些自杀意念会一闪而过，而有些自杀意念则是一经产生就很难消除。

2. 自杀彷徨

萌生自杀念头后，常常会有一段时间的犹豫不决、彷徨徘徊，此时他们心中充满着激烈的冲突与斗争，在生与死的抉择中无数次地进行权衡与选择。

自杀干预对于处于自杀彷徨中的个体具有重要的意义，但更关键的是自杀识别，识别处于自杀彷徨中的个体，需要敏锐的洞察力和丰富的经验，更需要扎实的专业知识。

3. 自杀决定

自杀者在经过激烈的内心斗争之后，会做出自杀决定，此时其心态也随之恢复了平静，并认为最终找到了解决问题的出路。这时他们可能会有一些反常的举动：如忽然话多起来了，与同学非常亲近，有诸如“以前做得不好的地方请大家原谅”等的行为，与此同时，也在做准备。

4. 自杀实施

自杀者经过足够的心理准备后会坚决果断、采取出乎意料的方式结束自己的生命。

自杀阶段也可以看成是自杀者试图解决各种内在与外界的冲突，努力寻找适应目前不堪承受的生活状况的新方法的过程，或者是“渴望得到帮助”的呼救。在自杀行为发生前，自杀过程中的紧张感加剧，无望感、无助感、无能感、无为感、绝望感等各种情绪与情感体验交织在一起，使认知能力受限而出现“思维狭窄”，使自杀者陷入管状思维中，无法理性而全面地看待事物，缺乏相应处理与应对问题的策略，这会加剧死亡的过程。

我国学者一般把自杀过程分为三个阶段。

第一，自杀动机或自杀意念形成阶段。表现为遇到难以解决的问题时想逃避现实，为使自己获得解脱而准备把自杀当作解决问题的手段。

第二，矛盾冲突阶段。产生自杀意念后，求生的本能会使打算自杀的人陷入生与死的矛盾冲突之中，从而表现出谈论自杀、暗示自杀等直接或间接表现自杀企图的信号。

第三，自杀行为选择阶段。从矛盾冲突中解脱出来，自杀意志坚定，情绪逐渐恢复，表现出异常的平静。时机一到，即采取结束生命的行为。

三、大学生自杀的类型、原因及特点

近年来的大学生自杀事件已引起社会各界的广泛关注，大学生是社会宝贵的人力资源财富，大学生自杀对社会与家庭造成的损失是无法估量的。

（一）大学生自杀的基本类型

自杀是极具个体性的行为，自杀动机错综复杂、真伪难辨、个体差异较大。但总体来说，大学生自杀类型包括以下几种。

1. 寻求解脱型

一些大学生在面临自我难以解决的人生问题时，产生了自卑、悲观、羞愧、悔恨、内疚、恐惧、孤独、空虚等情绪，有的在走投无路时选择自杀的方式来避免痛苦。

2. 自我防御型

当面临挫折情境，特别是当事人认为结果是由于自己的原因所造成时，自杀行为可以成为改变挫折情境，减少自责或逃避处罚的手段之一，但其无疑也是最消极的自我防御方式。用“一了百了”的方式解决问题，只能将痛苦与创伤留给自己的亲人。

3. 放任型

放任性自杀造成的后果是恶劣的。受不良文化的影响，个别大学生不珍惜生命。

4. 报复型

报复型自杀是当个体因某种原因产生内心的愤怒与敌对情绪时，为迫使对方承受法律责任或道义与良心上的谴责，以死向对方示威以达到报复的目的。这种自杀的目的是通过自杀行为来操纵他人或社会。

5. 威胁型

威胁型自杀是当大学生面临一些人生危机而不知如何选择时采取的一种行为。这类自杀者并非真的希望结束生命，而只是把自杀作为一种要挟对方、向对方讨价还价、迫使对方就范的手段。这类自杀以恋爱受挫、人际冲突最为常见。

（二）大学生自杀的原因及特点

大学生自杀有着复杂的原因，既有生理方面的原因如身体疾病、生理缺陷等，也有个性方面的原因如性格缺陷、心理障碍。而造成大学生自杀的直接原因更多是负面生活事件，如学业失败、恋爱受挫、考研失败、就业受挫、丧失亲人、环境适应不良、经济困难、家庭关系复杂，以及社会压力、大学生活的种种冲突等都可能成为个体自杀的原因。负面生活事件往往会成为引爆自杀的导火索，这些因素都需要引起重视。

诱发大学生自杀的原因具有以下几个特点。

①从个体因素来看，身体疾病、生理缺陷等生物性因素，长期抑郁、精神障碍、个性缺陷、网络成瘾等个体精神因素，以及因自我期望高而产生的失落感等都可能成为大学生自杀的原因。

②从家庭与社会因素来看，竞争压力大、就业压力大、个人前途渺茫、不良文化的入

侵等可能成为自杀的外在原因。

③负性生活事件是大学生自杀的重要诱因。如学业失败、恋爱受挫、人际危机、考研失败、就业受挫、经济困难、重大丧失等成为大学生自杀的导火索。

④过去曾有过自杀企图的人是自杀的高危人群，在自杀企图没有完全消除前应给予其积极的关注。

（三）大学生自杀企图及表现

了解自杀企图是识别自杀的前提，很多学者研究了个体的自杀企图并给出了一些建设性的建议。心理学家海威顿认为，青少年的自杀表现如下。

①向他人寻求帮助。

②希望从挫折环境中逃离。

③将可怕的想法表达出来。

④试图影响他人或使他人改变主意。

⑤忽然表达对别人的爱。

⑥对于过去做过的事向某人道歉。

⑦想为他人做些事情。

⑧害怕重复他人走过的路。

⑨希望别人理解自己内心的感受。

⑩想知道对方是否爱自己。

⑪必须做些事情改变现状却不知如何改变。

⑫生活失去控制却不知道如何使自己回到正常轨道。

⑬觉得人生没有意义。

戴纽特·沃瑟曼提出了青少年自杀的心理动力学理论。该理论假设人们在潜意识层面可能认为自己的身体不属于自己，表现为自恋性伤害，这种做法其实是为了引起大家的关注。这时要认真辨别自杀企图的信息，做到心中有数，并寻求解决方案。

学者施奈德曼也总结了自杀者的六个特征：一是境遇特征，不能忍受痛苦，心理需求受挫；二是意动特征，认为自杀是解决问题的方法；三是情感特征，绝望无助，内在矛盾冲突；四是认知特征，思维狭窄，爱钻牛角尖；五是人际特征，希望与人交流，想要寻找出路；六是连续性特征，将自杀作为解决人生问题的唯一方法。

大学生文化水平较高，在自杀的表达上也会呈现出不同的维度。我们认为，大学生的以下行为表现值得我们关注。

①行为方式忽然改变。如性格的突然变化，一个活泼开朗的学生突然变得沉默起来。

②语言表达。在言谈中，有意无意透露出告别的信息；明确表达自杀意图；有的学生会自言自语并说些稀奇古怪的话，对人诉说以往的经历；等等。

③人际关系发生变化。重要关系的突然结束，如恋爱关系中止、与朋友道别、赠送礼

物、与家人告别等。

④情绪变化与心境变化。情绪不稳定，主要表现为情绪低落、精神疲惫、自卑自责、有自罪感。情绪从悲伤转化为高昂时，容易产生自杀行为；当情绪由不稳定变得“正常”时，潜伏着自杀危机；表情冷漠，感觉不到生活的意义。

⑤反复在一些危险区域逗留。如频繁地在某一高层建筑的平台上徘徊，并将此信息透露给朋友，这既是自杀的危险信号，也是求助信号。

⑥身体与神态变化。身体指标上表现为失眠健忘、食欲锐减、体重骤降、面容憔悴、乏力疲劳等。神态上表现为目光游移、躲闪回避，有时会表现为心神不定、神色慌张。

总之，了解大学生的自杀企图是自杀识别的关键，也是做好自杀预防与干预的前提。

第二节　大学生自杀的预防与干预

自杀预防是一项艰难而复杂的系统工程，涉及方方面面。如果没有国家强有力的支持与领导是难以实现的。1986 年，芬兰率先实施国家预防规划，并取得了重大成果，自杀率明显下降；荷兰于 1989 年制定了国家自杀预防政策，设立了自杀委员会以支持和贯彻国家、地区和局部的自杀预防政策。鉴于这些经验，联合国于 1993 年形成了“关于制定和贯彻国家预防策略和高危人群及其他受累者开展支持和康复服务条款”，并宣布自杀是一个国家问题，预防工作具有优先地位。我国自杀危机干预起步较晚，1992 年 12 月，我国第一届全国自杀预防与干预讨论会召开。1994 年，中国心理卫生协会危机干预专业委员会正式成立。自此，自杀研究开始走上健康发展的轨道。

一、大学生自杀预防

总的来说，大学生自杀预防主要包括社会层面的预防、学校层面的预防、家庭层面的预防和学生个体层面的预防。

（一）社会层面的预防

1. 自杀宣传教育

面向公众长期开展有关自杀问题的宣传教育，提高大众对自杀问题重要性的认识，提醒公众要尊重生命、珍爱生命。生命是不可逆的，每一个消失的生命背后都是亲人的眼泪，自杀不仅会给家庭带来沉重的精神负担，也会给社会带来很大的负面影响。与此同时，有关媒体对自杀未遂导致的麻痹症、大脑损伤、身体伤害等给家庭与社会带来的不良后果要进行适度报道，要提醒公众不要将自杀作为解决问题的方式。

2. 加强对传媒的正确引导

研究表明，自杀具有传染性，特别是过度渲染自杀细节的媒体报道会产生心理暗示，诱发潜在的自杀行为。在报道自杀事件时，媒体应当采取谨慎态度，尽量避免过于详尽地报道自杀过程、细节及方法，避免对自杀行为采取支持的态度，或者认为自杀是解决问题的一种方式。要宣传自杀对社会、家庭及个人的危害，告诫人们自杀不是明智的选择，以减少自杀报道的负面效应。

3. 澄清关于自杀的非理性观念

关于自杀，公众还没有建立明确的理性观念。因此，澄清关于自杀的非理性观念对于全面了解自杀具有重要意义。比如，我们常常认为自杀事件的发生没有预兆，实际上，许多研究揭示了自杀的人会给出很多线索，自杀行为发生前会有很多征兆，但也并非所有自杀行为都有预兆。

（二）学校层面的预防

在大学生中开展生命教育与死亡教育，有利于大学生正确认识生命的意义，理解死亡的含义，树立正确的人生观、价值观。

1. 开展生命教育

当今世界的主题是和平与发展，人类物质极大丰富，疾病与战争不再是死亡的第一因素，死亡的不可预见性与随机性下降了，而自杀已成为导致死亡的重要因素之一。

生命教育是指通过教育与引导，帮助个体积极思考生与死的生命课题，以积极的态度面对生命与死亡，热爱生命，认识生命的意义，创造生命的价值。

事实上，生命教育贯穿于人类发展的整个过程。伟大的教育家孔子曾说：“未知生，焉知死？”他最早开始对生命的意义进行探究。现代意义上的生命教育起源于 20 世纪 60 年代中后期。现代社会中存在的资源枯竭、环境恶化、恐怖主义、贫困与疾病、犯罪等问题使漠视生命和否定生命的行为屡有发生。1968 年，美国学者杰·唐纳·华特士首次明确提出了生命教育的思想，并在美国加州创办阿南达学校，倡导与践行生命教育。1979 年，生命教育中心在澳大利亚成立，目前已成为致力于“药物滥用、暴力与艾滋病”防治的重要国际机构。1996 年前后，中国台湾也重新在学校开设生命教育课程。

中外哲学家、思想家与教育家都曾针对生命教育提出了自己的独到的见解。哲学家、教育家卢梭在《爱弥尔》中提出：“孩子随着年龄的增长而越加宝贵，除了他个人的价值外，还加上了别人为了照料他们而花费的种种耗费；除了丧失他的生命以外，还加上我们对他有死亡的伤感。”思想家蒙田也在《热爱生命》一文中写道：“生命是值得称颂，充满乐趣……我们的生命受到自然的厚赐，它是优越无比的。”我们应讴歌生命，将生命看成大自然给人类的最高奖赏。

当今的一些大学生，考虑更多的是“何以为生”，而对“为何而生”思考较少。首先，生命教育应着力于珍视生命本体的存在价值。人的生命价值离不开生命的存在与延续，既包括对自身生命的珍爱与珍惜，也包括对他人生命的尊敬与敬畏。

其次，生命教育要倡导对生命的敬畏。从根本上而言，任何生命都有存在的权利和价值。生命存在于普遍联系之中，所有的生命的链条都是环环相扣、相互依存的，因此，人类的生存依赖于生态系统的连续，生命的至高无上性是人类永恒的追求。人对其他生命的关怀从本质上是对自己的关怀，人对万物负责的根本原因是对自己的负责。人应当懂得珍惜与尊重生命，对大自然中的一切生命采取敬重的态度。

最后，珍爱自己的生命与珍爱他人生命同等重要。这既要求我们理解生命平等的内涵，又要求我们反思生命的价值与意义。可以选取生活中正反两方面的典型案例来教育大学生对自己的生命负责、对家庭与社会负责、对他人的生命负责。

2. 开展死亡教育

与生命教育相对的是死亡教育。人类对死亡的探索伴随着整个哲学史与科学史的发展，恩格斯在《自然辩证法》中说“生就意味着死”，所以死亡教育具有终极意义。现代意义上的死亡教育始于20世纪60年代的美国，并逐渐在西方国家得到推广。我国死亡教育起步较晚，开始于20世纪80年代。当代一些个别的大学生自杀事件引起了社会的广泛关注，开展死亡教育具有非常重要的现实意义。

一是以智者的死亡观开启大学生对死亡意义的思考。中国伟大的思想家孔子主张以生的意义抵消死的侵袭，认为当我们的生命过得充实而有意义时，死亡就并不可怕了。沈括在《梦溪笔谈》中谈道：“死生常理也。”他用自然历史观来理解生死。西方哲学家蒙田曾谈道，你的生命不管何时结束，总是完整无缺的。生命的用途不在于长短，而在于如何使用。意义心理学家弗兰克尔认为，死亡的事实不是一种威胁，而是我们利用时间达到最大极限的推动力，而不是让构成生命整体的机遇荒废而过。这好比一个学生参加期末考试，仅仅完成考试不如高质量地去完成，他必须做好准备，铃声一响就标志着考试时间的结束。在生命的历程中，我们必须随时准备被“唤走”，如果我们过着一种有意义的生活，那么，随时唤走就没有遗憾。

二是建立正确的死亡观。中国人一向对死亡讳莫如深，因此当一个人最初接触死亡现象后必然产生困惑，甚至成为导致自杀的深层心理契机。我们应开设死亡教育课程，使大学生系统学习与探索死亡的生理过程、死亡对人产生的心理影响等，教育大学生更加珍爱生命。

三是从价值层面关注死亡。正如毛泽东同志在《为人民服务》中所说的那样：“人固有一死，或重于泰山，或轻于鸿毛。”为人民利益而死，比泰山还重，为个人利益而死，比鸿毛还轻。如果因为个人私利与一时的恩怨而死，那么这种人生的价值就非常有限。“生如夏花之绚烂，死如秋叶之静美”是对生死观的一种诠释，也是从价值理念为我们展示了生命与死亡的意义与内涵。

3. 加强大学生心理健康教育与心理辅导

发展与成长是大学生的重要人生课题，心理健康是保证大学生成才的重要前提。因此，对大学生开展专业的心理健康教育，帮助大学生加强心理健康意识，在大学生自我意识、人格发展、情感与情绪健康、压力及其应对等方面进行专题研究与辅导，利用课堂教学、团体心理辅导与个别咨询等方式，全面提高大学生的心理健康水平。

学校心理危机干预中心与心理辅导中心也要在大学生心理危机预防中扮演重要角色，通过开展专题讲座、广泛的健康宣传、针对高危群体的团体辅导与咨询、开设 24 小时心理热线、建立大学生心理自助组织等及时发现自杀高危个体并开展积极的干预，起到对大学生自杀的预防作用。

（三）家庭层面的预防

家庭一直是个体成长最重要的微观环境，对个体成长起着潜移默化的作用。

大学生虽然离开父母独立生活，但家庭仍然时刻影响着大学生的职业规则、情感选择、人际交往等。特别是在长期应试教育的影响下，一些父母对子女的关注点始终聚焦在学业上，而对其出现的心理不适觉察不够敏感。

1. 加强家长与子女之间的交流

家长应关注大学生的心理与行为变化，与其建立良好的亲子关系，通过电话、信件、网络与孩子进行交流，特别是当孩子面临挫折与失败时，父母要成为他们强有力的后盾，帮助他们走出困境，重构自己的信心。

2. 对有家族自杀史的学生重点关注

具有家族自杀遗传史与抑郁病史的家庭，要关注孩子的心理健康水平与负性生活事件。行为遗传学研究表明：家族自杀史的存在极大地增加了其后代的自杀可能，若父母中一方有自杀倾向或行为，其子女比常人更容易产生自杀倾向与行为，这种现象与大脑中的 5- 羟色胺有关。加拿大渥太华皇家医院经过十年的研究证实了人的自杀行为与基因变异有关。同样，心理研究得出的特异性，抑郁、绝望和某些生活事件的出现也与自杀行为有特异的联系。

（四）学生层面的预防

大学生的心理健康问题应引起社会的广泛关注。每一个远逝的生命背后都有不为人知的故事，都有生死边缘的挣扎，都有曾经的依依不舍……然而，个人的心理危机的形成是一个不断累积的过程，正如房间的灰尘一样，越积越厚，当心理问题如尘土般堆积如山，个人的心理能量就不足以应付当前的状态。正如房间需要随时清扫一样，我们的心灵也需要不断地自我涤荡与反省，勇敢面对自己的负面情绪，将其置于阳光下，这样我们的心灵之屋才会始终充满阳光。

1. 关注自我内心

每个大学生都要积极关注自我的心理状态，当发现自杀意念萌生时，要主动求助，以积极的方式对待自己的问题，并及时解决。特别是当面对负性生活事件时，要关注这个事件对自己的影响时间与严重程度，如果自我调节不能奏效，就应求助心理咨询中心，将问题遏制在萌芽状态。

2. 树立积极的人生观

大学生应保持乐观的人生态度，以积极的心态面对挫折与失败。很多负面情绪与我们内部的挫败感相关，也与我们的目标期望相关。古人非常重视个人人生态度的修炼，主张“穷则独善其身，达则兼济天下”“淡泊明志，宁静致远”“成己达人”等，现代大学生更应有开阔的胸怀、乐观的生活态度和正确的生活目标，能够正确看待困难与挫折、失败与逆境并积极应对。

3. 积极应对

当面对成长危机与境遇性危机时，大学生要积极利用自身资源与社会资源，主动寻求社会支持，相信“办法总比困难多”“没有过不去的坎”“船到桥头自然直”，想办法将危机化解在萌芽状态。

二、大学生自杀干预

自杀干预是指当自杀者表现出强烈的自杀倾向时，应给予其及时的帮助与指导，以避免自杀行为发生的技术，这是预防和控制自杀的重要手段。自杀干预的目的不仅在于削弱当事人的自杀意图，减少自我伤害行为，而且要为将来的心理治疗提供指导性意见，一次自杀危机过后并不意味着当事人完全放弃了自杀意图，应随时了解那些始终抱有轻生想法的人的思想状况，以防不测。

（一）建立大学生心理危机干预机构

建立一个高效运转、快速反应的大学生心理危机干预机构，配备一支业务精良、适应性强、反应敏捷的高素质的专业队伍，是做好大学生心理危机干预工作的重要保证。

（二）关注心理危机高危人群

1. 建立自杀高危大学生心理档案

通过心理测试进行初步筛查，建立自杀高危大学生心理档案，并进行追踪研究。通过以下几个方面对自杀高危人群进行自杀危险性评估：一是受到外部因素的刺激，如连续的考试失败；二是情绪低落，悲观抑郁，产生了自责自罪感，有强烈罪恶感和缺陷感；三是性格孤僻内向，与周围人缺乏正常的感情交流；四是有严重的不良家庭成长环境，特别是单亲家庭与离异家庭及家庭功能不健全家庭的学生；五是缺乏明确的生活目标和信心，易产生悲观失望的体验；六是长期抑郁，有较强的屈辱感；七是思想偏激，易走极端；八是表露自杀的想法或过去有过自杀企图。具体而言，自杀风险评估档案的建立分为以下四个步骤。

①过去的尝试、现在的计划和关于死亡的观念。可以通过以下问题的询问了解一些情况，掌握第一手材料。例如，你有自杀的想法吗？你的同学或朋友中有人曾有过自杀的想法吗？

②负性生活事件的反应。你正在经历严重的心理危机吗？你遭遇负性生活事件（如重大丧失或者重大丧失的威胁等）后有哪些行为改变？你有情感丧失的体验（如失败、沮丧、无望、羞愧、潜在的愤怒等）吗？

③社会心理支持。你的重要社会支持比如父母、朋友、同学等缺失吗？你感到与同学有疏离感吗？

④导致危险行为的历史。曾经亲眼看见自杀，或者亲人有自杀历史；逃课、逃学、离家出走、离校出走甚至做过自杀准备；曾经自杀未遂；等等。

2. 密切关注自杀高危个体的心理与行为变化

自杀高危人群可以通过心理档案筛选来确定，再通过日常行为表现进行筛查，当个体遭遇生活事件时，我们应当给予积极关注。而那些曾经有过自杀企图与自杀未遂的学生不容置疑是自杀的高危个体，更需要具有较高专业技能的干预工作者进行辨别与筛分，一般而言，我们可以从以下几个方面进行辨别。

①个性忽然改变，性格变得越来越糟糕甚至反常。例如，一个沉默的人忽然变得滔滔不绝，一个冷漠的人忽然变得热情，个性急剧改变的情形尤其应当引起重视。

②具有自杀倾向，这既是自杀企图的表示，也是求助信号。

③通过文字表达自杀意图。这些文字信息的表达既是内心挣扎的表现，也是积极寻求社会支持的求救信息。

④饮食与睡眠习惯突然改变。比如暴饮暴食或茶水不进，又如忽然嗜睡或长夜难眠等，这些生活节律的改变都是内心冲突与变化的躯体反应，应引起重视。

⑤成绩下降、逃课或离校出走。当问题困难到难以解决时，学生可能会选择逃避与退缩，最常用的方法就是逃课和离校出走，逃避现实而不寻求解决方法。

⑥出现异常行为。这类个体的异常行为表现必须引起足够重视，很多情况下，对这些信号我们会忽视，甚至认为是开玩笑。

⑦长期受抑郁症困扰。有家族抑郁病史的个体更容易受抑郁症的侵袭，这种痛苦常常是不为常人所感知的。

而很多情况下，我们观察到个体出现异常行为但并没有不良后果发生，便会产生“狼来了”的心理预示，这让我们错过了许多危机干预的良好时机，酿成了不良后果。当个体出现以上一方面或多方面的行为变化时，我们就需要高度重视、严密监控并主动开展干预了。特别是对曾有自杀史的个体的监控更不应被我们忽视。

3. **明确询问自杀企图**

我们可以向高危个体提以下几个问题，通过问题的回答了解学生的心理状态与行为反应，并注意发现有意义的细节，同时启发有自杀倾向的学生认真审视自我、认识自己的问题并找到解决的方案。了解信息、沟通情况、掌握动态是基本目标，而启迪智慧、开启心智、找到出路是最重要的任务。

①你是否已经长期生活在极度抑郁中？

②你的睡眠、胃口和日常起居正常吗？

③你是在什么情况下有轻生想法吗？

④死亡对你意味着什么？

⑤你是怎样陷入绝望中的？陷入绝望后，你努力摆脱了吗？

⑥在想要自杀时，有什么人或什么事阻止你实施自杀了呢？

⑦想到自杀时你眼前浮现的是什么情景呢？这些情景对你意味着什么？

⑧自杀会为你解决什么问题？能帮助你摆脱什么困境吗？

⑨除了自杀，你还有什么解决方法？

4. **增加自杀高危大学生的保护性因素**

自杀的保护因素与风险因素是一个事物的两个方面，也是两种力量的较量与对比。当自杀风险因素高于保护因素时，大学生自杀的危险性增加，而当保护因素增强时，大学生自杀的危险性就会降低。这些保护性因素主要有以下几种。

①环境因素。形成良好的舆论环境，不对自杀做过分的渲染，公众普遍对生命持尊重的态度，减少电视暴力与自杀节目，净化校园文化环境，形成积极向上的校园文化氛围，开展健康的校园文化活动，这些都将是大学生自杀的保护性因素。对学生来说，健康文明的生活方式也非常重要，这包括养成良好的生活习惯，如按时作息、不抽烟、不酗酒、无不良嗜好、坚持体育锻炼等。

②社会支持系统。良好的社会支持系统是大学生化解心理危机的良药。自杀可能常常会由一件微不足道的额外负性生活事件引起，如果在此刻个体缺乏社会支持，其就如同站立在孤岛上，感觉孤独无援。良好的支持资源如同久旱遇甘霖，成为大学生自杀的保护因素。对大学生而言，父母与家人、老师与同学、朋友与恋人等都可能成为大学生的良好社会支持。

③积极的自我认知。提升大学生的自我认知，鼓励大学生积极参加集体活动并从中找到归属感与价值感。正确认识自我、形成良好的自我反应能力与完善的社会功能，会促进大学生积极健康的成长。良好的自我认识还包括较强的个人价值感与明确的人生目标，

面对问题时的达观态度及主动寻求解决方案的能力等，还需要以积极的态度发展自我社会能力。

④畅通的信息沟通渠道与专业帮助。重要人物的丧失，特别是能够提供实际帮助并提升自我形象的重要人物的离去，对于有自杀倾向的人而言影响很大，必然提升自杀的个体风险。个人生活事件的偶然改变（实际或预期的丧失、学业或恋爱的失败）可能会使其回忆起以往的类似情境。

⑤鼓励大学生使用消除烦恼卡片，真实记录自己的实际情况。积极的自我调适也是一种自我保护：记下所有令你高兴的事情；发现日常学习与生活中做得满意的事，即使是小小的成功；每天散散步，在平凡的生活中发现不平凡的事情；想想处境比自己差的人；给周围环境添点什么，如在书包上挂一个新挂件，或者动手整理一下自己的物品，挑选相片并仔细整理；自我奖励，如买一些非常想吃的水果，点一个非常喜欢吃的小炒；为自己写一封信；买一件一直想买而舍不得买的东西；拜访你非常想见的同学、老师或朋友，并与其谈心；为别人做一件不记名的好事；拜访一位很久未见或值得你信赖的朋友，说出心中的烦恼；同一个有隔阂的朋友和解或打电话道歉；给那些曾对你的生活有过特别帮助的人写封感谢信；收看你认为好看的节目；尝试微笑面对生活，当你微笑面对生活时，生活也会给你展开笑脸；比较目前与过去的处境，尽量找出胜过过去的地方，多看生活中光明的一面；想想自己的未来，哪些事让你充满信心。

5. 做好自杀未遂学生的干预工作

大学生自杀未遂是指各种未导致个体死亡的故意自我伤害行为。据研究，自杀未遂者有10%最终自杀，因此，做好自杀未遂者的救助工作非常重要。只要有一次自杀未遂的经历，就应当被列为自杀高危个体。特别注意不能在一次干预成功后认为危机已经化解，而要继续关注，直至个体自我成长的力量足以支撑其生活下去。

（三）启动社会和家庭心理支持系统

仅靠学校单方面的力量来预防与干预自杀行为远远不够。自杀已经成为一个社会问题，应得到全社会的广泛关注。社会心理学家发现，大约2/3的自杀成功者是由于在自杀前期和最后阶段没有被有效救助，才产生无可挽回的结局。因此，要根据自杀者的实际情况，动员自杀者的亲人和朋友，给予其关爱、安慰和保证，以消除其孤独无助感。社会支持系统要在第一时间给予自杀危机个体以直接的帮助。

总之，自杀干预是一项专业性强、涉及个人生命的艰苦细致的工作，既需要具有丰富专业知识的专业人员的支持，又需要学校和社会各界的有力支撑。

第三节 大学生自杀干预的方法

危机是超过个人能力和体质所承受的心理或生理上的强烈的恶性刺激，自杀危机是指因自杀举动本身与引起自杀行为的恶性刺激造成的心理危机。自杀干预的总体原则：一是关注当事人此时此刻的心理状态，即以当事人当前的心理感受与情绪状态为主要关注点；二是关注消极情绪的转化，使当事人消除自杀的想法；三是问题解决与技艺训练，当事人一定是面临生活中无法解决的问题才选择自杀，因此提高当事人解决问题的能力是关键；四是促使当事人采取积极的、共情的、协作的行动，提高其改变现有状况的能力。自杀成功干预的衡量标准之一是当事人能够回归现实生活，正常学习与生活。

我们认为成功的自杀干预是指，帮助当事人去感受被理解，如真诚和无私的关怀；提高当事人的自我认知能力；帮助当事人建立新的生活理念；提高当事人的心理能力，帮助其应对生活中发生的一切；等等。在实践中，有许多关于大学生自杀干预的切实有效的方法，我们将重点介绍焦点解决短期心理治疗、认知行为治疗、辩证行为治疗和支持治疗。

一、焦点解决短期心理治疗

简单来说，焦点解决短期心理治疗是指“落实希望与尊重”，是最经济有效的方法，因而广泛应用于自杀干预实践中。有人将其形象地比喻为“稻草变黄金”的技术。焦点解决短期心理治疗的基本精神包括改变、互动与达到目标的整体模式。

其理论假设如下：一是主张正向思维，认为正向焦点思考大有裨益，因为很多自杀危机的人往往集中于负向思维，关注生活中负面的东西；二是寻找例外情境并发现其特点，凡事都有例外，例外带出问题的解决，成为解决问题的突破口；三是世界上没有一件事是永远相同的，变化是永恒的，因此应注重个体的小改变，每个小改变背后都蕴藏着大价值；四是个体具有解决自身问题所需要的能力，相信当事人是自己的问题专家，鼓励与支持当事人发现自己的问题并寻找解决策略；五是意义与经验总是相互建构的，从当事人的经验中发现有意义、有价值的东西并深入挖掘；六是要用全面的观点看问题而不是仅从一个点上看问题。

其理论基础如下：第一，寻找例外的情境并用例外情境创造改变，因为每个小的改变都是大改变的基础；第二，不畏惧问题，问题是改变的开始，没有出问题就是良好行为的结果；第三，每个人都是自己的问题专家，所有的感受、想法与行为都是改变的一部分，因此要了解每个人解决问题的方法；第四，复杂的问题可以用简单的方法来解决；第五，由于因果关系很难确定，因此好的归因方式能有效解决问题；第六，改变往往发生在自我价值感较高的时候。

焦点解决短期心理治疗大约需要60分钟。它分为三个阶段：一是建构问题解决的对话阶段，约40分钟，当事人与咨询员以对话为主，并通过建构问题解决途径的对话架构，如目标架构、例外架构、假设问题解决架构等，完成资料收集与引发当事人正向思考的目标；二是休息阶段，约10分钟，咨询员回顾并整理第一阶段当事人对其问题解决所提及的有效解决途径；三是正向回馈阶段，约10分钟，以正向的回馈和家庭作业的方式为当事人提供在休息阶段时所设计的介入策略并让其作为参考，以促进当事人行动的改变。

二、认知行为治疗

以问题解决为核心的认知行为疗法的主要目的是帮助当事人找到解决问题的聚集策略，强化当事人解决问题的能力，让对方明确过去与现在的痛苦来源于可认知的、有可能解决的问题，这些问题不利于对方识别自身与他人的需求。

每个人都是自己的问题专家，但“我不能解决自己的问题”是当事人的核心问题。因此，问题解决能力的缺乏与策略的单一是关键因素。因此，应鼓励当事人认识自身现有的能力与资源。这样问题解决的策略就清晰了。首先从问题着手。

①列出问题清单。

②根据问题的重要性、影响力及能否迅速解决，决定需解决的问题的先后次序。

③确定解决问题的可能范围，鼓励个体自由想象各种可能的解决方法。

④详细分析可能的解决方法。

⑤把解决方法变为可具体操作的若干步骤。

⑥对每个步骤中的困难进行预测与识别，既要考虑实际困难，又要考虑认知与情感因素。

⑦仔细检查每个步骤的完成情况并决定是否进入下一步。

三、辩证行为治疗

辩证行为治疗是近年来发展起来的一种新型技术，主要用于治疗那些长期遭受自杀困扰的边缘型人格的当事人（边缘型人格障碍在大学生自杀倾向案例中并不多见），其焦点技术在于强化、肯定，不断调整其情感反应，减少其相应的极端行为，使其接受自己的反应，其核心技术是问题解决。该技术可以与电话咨询、团体辅导等方式共同进行，对于减少自杀企图有一定效果，但比较耗时且需要专业人员的配合。

四、支持治疗

支持治疗以应激与适应为基本观念，并无独特的理论依据。主要是在早期对当事人进行分析工作，无须长时间了解当事人的潜意识，而是针对当前的现实问题，以“支持”为核心进行特殊治疗。也就是说，当事人面临着严重的心理创伤或产生了严重的挫折感而导致心理上难以承担，精神几乎崩溃，于是难以操控情绪与做出决定，需依靠别人的“支持”来渡过心理上的难关。支持治疗可以使当事人成功应对危机，有的学者将其称为“急救性支持治疗”。它也用于治疗由于人格不成熟、心理脆弱或退行性心理障碍而引发的危机，对于这类患者，需要给予其长期的支持与照顾，以减低恶化的可能性，增加其应对现实的能力，该技术应用广泛。支持性治疗的原则如下。

①为当事人提供适当的支持。大学生面临失恋、学业失败、重大丧失等负性生活事件而导致自杀倾向时，并非全部包办地给予其全身心的爱与支持，而是选择性地给予其支持。一般而言，我们要根据当事人面临的心理挫折的严重性、性格特征及自我成熟性、适应方式和应对困难的经历而给予其适应的支持。

②改变当事人对挫折的看法。由于应激的严重程度往往与个体对该应激的看法或感受有关，因此帮助当事人正确树立对挫折或危机的看法是改善问题的关键。

③善用各种资源。当个体面对挫折与危机时经常会忘记利用现有的资源应对目前的困难。此时，当事人心理能量降低，会低估自己的潜能，还会忽视外在的资源，想不到“人生最美丽的花是开在绝境之中”。危机干预工作者要帮助当事人检索自己内在或外在的资源，了解其资源的广度与深度，检查其是否利用已有资源应对目前的困境。

④排除外在困难。一般而言，严重的心理危机必然与外在环境相关。危机干预工作者要帮助当事人梳理危机，使其适应外在环境，找到外在的不健康因素，并恰当处理这些关系。

⑤提供功能性的支持，采用鼓励、说明、指导、训练等方式，与当事人一起探讨应对困难或处理问题的方式，并鼓励当事人采取成熟而有效的方式。

除以上所提到的这几种常见的咨询与治疗方法外，大学生自杀干预的方法还有很多种，如理性情绪治疗、人本主义治疗、家庭治疗等。由于自杀涉及个体生命，在实践中常常是各种办法并用，特别是面对多种原因引发的自杀行为时更需要持谨慎的态度，运用更加丰富的专业知识和采用更加严密的防范措施。

大学生是国家的未来、民族的希望，是宝贵的人力资源。大学生自杀给社会、学校、家庭带来的损失是无法估量的。我们希望通过大学生自杀预防和危机干预的研究和实践，为有自杀倾向的大学生提供及时而有力的帮助。我们期望大学生能够珍视生命、珍惜自我、珍爱生活！

第八章　大学生社会支持系统

人生之路并非坦途，我们每个人都会遇到这样那样的麻烦、困扰、逆境，每个在困境中的人都希望得到理解、帮助与支持，因此，建立相互支持的系统尤其重要。而父母、亲人、教师、同学、朋友，以及各种各样的正式或非正式的组织都可能成为我们的支持源。

第一节　社会支持与心理健康

一、社会支持的概念

人与人之间的相互支持是与人类社会同时产生的，社会支持作为一个普通概念对我们来说并不陌生，但其作为一个专业术语，从20世纪70年代提出以来，在各个学科之间以及学科内部并未形成统一的概念，概括起来，其定义主要有以下几种。

（一）从社会互动关系来定义

社会互动关系强调人与人之间的相互关系。社会支持是人与人之间的亲密联系，这种联系在个体面对困难或威胁时，可以为其提供精神上或物质上的帮助，是心理压力与心理障碍的中介因素之一。社会支持有时甚至是个体间或个体与群体间的依靠，它能够促进情感交流、提供指导，是对个人身份和成就的一种反馈。

萨拉森将社会支持归纳为一种关系，这种关系是客观存在的或个体能感知到的，能使他人产生被关心、被接纳、被爱、有价值的感受，且个体能够从中得到帮助。埃德文纳认为社会支持不仅仅是一种单向的关怀或帮助，它在多数情形下是一种社会交换，是人与人之间的一种社会互动关系。

（二）从社会行为性质来定义

韦伯斯特《新大学词典》中将支持定义为一种能够促进扶持、帮助或支撑事物的行为或过程；而社会支持是一种在社会环境中促进人类发展的力量或因素。

康恩等认为社会支持是人与人之间的帮助、关心和肯定。贾云等也认为社会支持所提供的帮助和产生的影响使个人应对压力的能力得到提高，是压力适应中重要的社会因素。

卡普兰把社会支持描述为支持系统提供给个人的直接帮助（如指导和建议）或压力情境下的避难所。由于存在多种支持系统，因此卡普兰假设一个人能从压力中获得潜在的缓冲。

卡伯把社会支持定义为一种信息，它包含三个层次。

①导致个体相信他 / 她被关心和爱的信息。

②导致个体相信他 / 她有尊严和价值的信息。

③导致个体相信他 / 她属于团体成员的信息。也就是说，社会支持是个体经历被爱、有价值感和他人所需要的一种信息。

夸特利德坚持社会支持是一个复合维度的概念，在个人与其环境之间存在着三种水平的关系：一是人们的整体参与水平；二是社会支持环境的来源；三是社会支持是否能为个人提供诸如情感、归属感、信息或物质的帮助。沃林斯顿等也认为社会支持是一个复合结构，是个体通过正式或非正式的社会联系所体验到的安慰、帮助或信息。

（三）从社会资源作用来定义

社会支持常常被认为是个人处理紧张事件的一种潜在资源。豪斯将社会支持描述为“什么人就什么问题给某人什么”，他认为社会支持就是其他人所提供的资源。

高特里伯进一步将社会支持定义为来自社会关系的帮助、人们联系的方式及支持网络中成员间的资源交换。社会支持是施者与受者两个有意识的个体之间的资源交换。

巴雷拉对社会支持提出了一个比较全面的定义，他认为社会支持概念必须包含三个方面。

①支持源：向被支持者提供支持的社会支持成员。

②支持活动或行为：社会支持成员向被支持者提供的能满足个体物质或精神需要的行为。

③对支持的主观评价：支持者对所获得的支持的主观感受和评价。

社会支持是一个非常复杂的概念，它既包含环境因素，又包含个体内在的认知因素，直接反映了个体与他人之间的相互作用。因此，我们认为社会支持以被支持者为中心，是被支持者与其周围的个人和组织交往所构成的发散性联系。从功能上讲，社会支持是个体从其所拥有的社会关系中所获得的精神上和物质上的支持；从操作上讲，社会支持是个体所拥有的社会关系的量化表征。

二、社会支持的分类

早期的研究者没有考虑人与人之间关系的性质，倾向于认为只要有关系存在，这种关系就一定能帮助个体应对日常生活中的困难。之后一些研究者发现社会支持并不具有统一的性质，相反，不同类型的社会关系会提供不同类型的社会支持。但各类研究者对此有不同的理解，他们从各自的理论和研究目的出发来研究社会支持，因此其分类也具有了多样性。

（一）按类型分类

许多研究者运用因素分析等多种方法对社会支持进行了区分。威尔曼等人将社会支持分为感情支持、小宗服务、大宗服务、经济支持、陪伴支持五种；库恩等人将社会支持分为归属性支持、满足自尊的支持、物质性支持和赞成性支持四种；卡伯将社会支持区分为情感性支持、网络支持、满足自尊的支持、物质性支持、工具性支持和抚育性支持六种；豪斯将社会支持分为情感支持、帮助、信息共享和工具性支持四种；巴雷拉认为广义的社会支持包括六种形式：物质帮助（如提供金钱、实物等切实的帮助）、行为支持（如分担劳务）、亲密的互动（如倾听、表示尊重、关怀、理解等）、指导（如提供建议、信息或指导）、反馈（如对他人的行为、思想和感受给予反馈）、正面的社会互动（即为了娱乐和放松而参与社会互动）。拉塞尔将社会支持分为情感性支持、社会整合或网络支持、满足自尊的支持、物质性支持、信息支持五种。

威廉等人根据社会支持所提供资源的不同性质将社会支持分为四类。

①尊重的支持：指个体被他人尊重和接纳，又称情感性支持、表现性支持、自尊支持。

②信息支持：指有利于对问题事件进行说明、理解和应对的支持，又称建议、评价支持或认知向导。

③社会成员身份的支持：指能够与他人共度时光，从事消遣或娱乐活动，满足个体与他人接触的需要，转移对压力问题的忧虑或通过正面的情绪影响来降低对压力的反应，也可称作归属性支持。

④工具性支持：指提供财力帮助、物资资源或所需服务等，通过直接提供解决问题的工具，或者提供个体得以放松或娱乐的时间来帮助其减轻压力反应，又可称为帮助支持、物资支持和实在的支持。

综上所述，我们更倾向于将社会支持分为情感支持、物质支持（物质、金钱和服务）、信息支持及陪伴支持四种。

（二）按来源分类

按照来源进行划分，即按照社会支持提供者的不同来源进行划分，有多少种社会支持来源，就有多少种社会支持类型。我们认为按照大类划分，社会支持可分为人际支持和组织支持，人际支持和组织支持又可以进一步细分。人际支持可分为父母支持、朋友支持、同学支持、教师支持、亲属支持等；而组织支持又可分为正式组织支持（政府支持、学校支持等）和非正式组织支持（社团等民间自发组织支持）。

（三）按性质分类

按性质划分，社会支持可分为两类：一是客观的、可见的或实际的支持，包括物质上的直接援助和社会网络、团体组织的支持，它是“人们赖以满足他们社会、生理和心理需求的家庭、朋友和社会机构的汇总”，这类支持是客观存在的现实，个体能否感受到不是最重要的考查因素；二是主观的、能够体验到的、情感上的支持，指个体在社会中因受尊重、被支持、被理解而产生的情感体验及其满意程度，其与个体的主观感受密切相关。

对这两类支持的重要性，不同的学者有不同的看法，多数学者认为主观支持比客观支持更有意义，因为虽然主观支持并不是客观现实，但是“被感知到的现实却是心理的现实，而正是心理的现实作为实际（中介）的变量影响人的行为和发展”。然而，这并不等于说客观支持没有意义。实际上，虽然主观体验到的社会支持存在较大的个体差异，但它总是有一定的客观基础。因此，国外较有影响的社会支持问卷一般仍采用多轴评价的方法。萨拉森等的社会支持问卷分为两个维度：社会支持的数量，即在需要的时候能够依靠别人的程度，主要涉及客观支持；对所获得支持的满意程度，即对支持的主观体验。

三、社会支持对心理健康增益作用的理论

学术界对社会支持与身心健康之间关系的研究已经有很长的历史。早在 19 世纪，法国社会学家迪尔凯姆就发现社会联系的紧密程度与自杀有关。20 世纪以来，社会流行病学研究表明社会隔离或社会结合程度低的个体身心健康的水平较低，而死亡率则较高。对精神疾病患者的研究发现，与正常人相比，精神分裂症患者的社交面较窄，一般仅限于自己的亲人；而神经症患者的社交活动少，社会关系松散。老年人如果有较密切的社会活动关系，则可以有效减少抑郁症状。20 世纪 70 年代初，精神病学文献中引入了社会支持的概念，研究者认为，良好的社会支持有利于身心健康。

很多实验都证实了个体的社会支持被剥夺后会出现一系列适应性障碍。最著名的是恒河猴实验：将刚出生的一群小猴与母亲分离，为其安置两个“母亲”，一个是供给食物与奶水的“铁妈妈”，而另一个是能够提供温暖但不能供给奶水和食物的毛茸茸的“布妈妈”，小恒河需要食物时会寻找“铁妈妈”，而当面对外界刺激时，它会依偎在“布妈妈”的怀里。追踪实验的结果表明：这些幼年被剥夺母婴关系的小猴子长大后，在伴侣选择、社会性方面都出现适应障碍。还有一项动物应激实验表明，动物在处于应激状态时如果有同窝动物或动物母亲存在，或者有熟悉的实验人员安抚，则可以减少小白鼠胃溃疡、地鼠高血压、山羊实验性神经症和兔动脉粥样硬化性心脏病的发生。如果自出生后对动物实行“社会隔离”，单独饲养半年至一年后再将其与同窝其他动物放在一起，就能发现被隔离的动物有明显异常行为，且需要一段时间才能恢复。而人类本身就是社会性的，在其成长过程中更不能脱离人际关系而离群索居，社会网络和支持的存在是个体生存和发展的必要

条件。

社会支持一方面能为压力状态下的个体提供保护，即对压力起缓冲作用，另一方面对维持一般的良好情绪体验具有重要意义。在压力研究中，社会支持在维持身体健康和预防疾病方面的作用引起了越来越多研究者的兴趣。目前，在社会支持对心理健康的影响或作用机理方面有一定的分歧，主要存在主效果和缓冲器两种理论模型。

（一）主效果模型

该模型认为社会支持具有普遍的增益作用，它不一定要在心理应激情况下才发挥作用，无论个体是否处于压力状态下，也不管个体当前获得支持的情况如何，只要增加社会支持，那么对个体来讲都是有益的，两者之间存在着明显的正相关。其能够维持个体平时的良好情绪体验和身心状况，有益于身心健康。这一模型只认可社会支持对于个体身心反应症状作用的主效应，而未考虑社会支持与不良生活事件之间的交互作用。但有一点是肯定的，融入一种社会网络可以帮助个体避免许多负面体验，如经济上和法律上的问题等，这些负面的体验都有导致心理或生理上问题的可能。

一些研究者将社会交往、社区参与、良好的婚姻状况、朋友互动关系作为社会支持的指标，研究结果支持主效果模型。许多研究也证明了社会支持与适应密切相关，但这种相关可能随着被试者的特征（如性别、年龄和社会经济地位）以及研究中社会支持不同维度（如社会关系数量、对社会支持的满意度、他人的社会支持行为）的变化而变化。

一般来说，一个大的社会联系网络可以带给人积极的体验和稳定的、来自沟通的社会性回报行为，这种社会性支持与一个人整体的精神状态相联系。因为它在人的生活中提供了某种意义上的可预测性、稳定性以及自我价值的认知。

（二）缓冲器模型

当个体感知到来自情境的威胁或出现某种过高的要求而又无法做出适当的反应时，压力就产生了，正如沙利所说，这种情境使个体察觉到做出反应是必要的，但其却无法做出恰当的反应。压力知觉特有的效应包括生理反应唤起和行为适应。尽管少数几个压力性事件并不一定对个体产生强烈的应对要求，但随着这种压力事件的不断累积，这种应对要求将持续出现，个体应对能力的过分使用会使潜在的不适显现出来。

缓冲器模型是帮助个体应对压力事件的可利用资源的支持评估程度。该模型认为社会支持仅在应激条件下与身心健康发生联系，它对处于压力状态下的个体具有有益的缓冲作用，缓冲了压力事件对个体健康的影响，避免了压力对个体产生的破坏，并能够维持与提高个体的身心健康水平。

在这个模型中，社会支持扮演了在两个不同压力点间链接的角色。首先，社会支持介入了压力事件（或事件的期望值）并阻止了压力的增长，它作用于压力事件与主观评价的中间环节，影响着个体对潜在的压力性事件的知觉评价。个体在得到一定的社会支持时，对应对能力的提高有所感知，会低估压力情境的伤害性，对压力事件严重性的评价降低，或根本没有把潜在的压力源评价为压力事件。

其次，社会支持减少或削弱压力的经历会直接影响疾病行为。在压力知觉之后，社会支持能够在压力的主观体验与罹患疾病之间起到缓冲作用，它可以导致压力再评价，提供解决问题的策略，降低问题的严重性从而减少压力反应，或者直接影响生理过程，从而到达缓冲的效果。豪斯认为支持可以通过三种途径缓和压力的冲击：减少知觉在环境压力中的重要性，使神经系统平静并减少压力反应，促进健康行为。

缓冲器模型的假设得到了许多研究者的支持。科恩和威尔士对 40 多篇社会支持与心理健康关系的文章进行研究后证实了社会支持对压力的缓冲作用。有的学者认为，个体产生需要时立刻得到他人帮助是社会支持缓冲压力的根本来源，也就是说，个体对社会支持的感知比客观所获得的对于健康的影响更大。

（三）跨范围缓冲器模型

根据跨范围缓冲器理论，不同来源的社会支持能缓解个体不同交往过程中的压力和因不满而对主观幸福感造成的伤害，从而间接地提高其主观幸福感水平。研究发现，跨范围的社会支持缓冲效果（如从朋友处获得支持）能够减轻与室友冲突而产生的心理苦恼；相应地，从室友处得到的支持也减轻了与朋友冲突产生的苦恼。究其原因，不同的支持来源侧重于提供不同的支持。例如，母亲侧重于提供评价支持和情感支持，同伴侧重于提供工具性支持和陪伴支持，父亲、老师侧重于提供信息支持。

第二节　大学生社会支持系统研究

一、国内外学者对大学生社会支持系统的研究

（一）大学生社会支持的基本内容

1. 对社会支持的利用及满意度

刘广珠认为，我国大学生在遇到烦恼时，只有 11.02% 的人主动寻求帮助，有 84.4% 的人很少或偶尔寻求帮助，而 4.58% 的人根本不寻求帮助。程虹娟发现，大学生所获得的社会支持人数并不多，对所获得的社会支持比较满意。

2. 社会支持的来源

目前大学生的社会支持资源主要来自家人、朋友、亲戚、教师和同学这五类成员。有

的学者认为核心家庭成员的支持对大学生来说十分重要。一位学者对中国香港地区的大学生的调查研究显示，90% 的大学生从朋友处寻求支持，70% 从家人处寻求支持，13% 从老师处寻求支持。程虹娟的研究也显示，父母和同学是大学生的主要支持来源，占大学生所有支持来源的 82.02%，且同学和朋友的支持多于父母支持，但父母支持的影响力却高于同学和朋友支持。

3. 社会支持的类型

程虹娟的研究显示，大学生所获得的物质支持最多，信息支持次之，陪伴支持第三，而情绪支持最少。在遇到问题和困难时，大学生首先倾向于向亲人和朋友寻求精神上的理解和安慰，然后才会向关系密切且经验较多者寻求有效解决问题的方法。大学生社会支持的类型又因来源的不同而有所差别。有的研究显示个体获得朋友提供的情感支持多于工具支持，而父亲提供的工具支持多于情感支持，母亲的这两种支持同等。而有的研究则认为大学生从家人处获得更多的是工具支持，从朋友和教师处获得更多的是信息支持，从恋人处获得更多的是情感支持和社会支持。

（二）大学生社会支持的影响因素

社会支持的丰富与否体现了个人与他人发生联系时所表现出的社会属性，受个体生物学特征、社会文化条件、人际交往以及自我期望水平等因素的影响。目前认为社会支持的丰富与否主要取决于以下几个方面。

1. 性别因素

关于性别对社会支持的影响研究较多，大多数学者认为在主观支持方面男生高于女生，而在支持利用度方面女生高于男生，男生支持满意度较高，而女生更善于利用潜在的支持资源。而陈耕春对全国十省市大学生的社会支持调查结果却显示，男生的社会支持程度高于女生。不同性别的大学生对社会支持利用的侧重点也有所不同。伯克等人研究发现女生比男生更愿选择同伴的支持，并且存在更大程度的压力和生理心理健康问题。与伯克研究不同，学者汉德森通过对 937 名大学生的调查发现，女生主要的社会支持来自家庭，朋友支持对男生而言更为重要，且男生更愿意在学业需求、焦虑方面寻求教师的帮助，也更倾向于利用社会支持来寻求解决问题的策略，而女生在问题情境中更倾向于利用社会支持来寻求情感上的安慰与帮助。

2. 个性因素

个性因素影响社会支持的感知，一般认为，良好的个性对获得社会支持有极大帮助。李慧民等人的研究进一步发现，个性外倾的学生较易获得社会支持，并且对支持有着良好的情感体验、较高的满意度和利用度，而具有精神质和情绪不稳定倾向的学生社会支持不良。

3. 年级因素

陶沙对大学新生的社会支持进行了研究，认为在入学后第一学期的适应过程中，个体社会支持的总体水平表现出先下降、后回升的变化特点。李慧民等认为，高年级学生较低年级学生拥有较高的客观支持度和较低的利用度。赵勇等的研究结果显示，在支持利用度上，大三高于大二和大四而低于大一；在主观支持方面，一年级最高而三年级最低。从支持的人数看，大一获得的支持最多，大三、大四相差不多，大二获得的社会支持最少；从支持的来源看，大一父母支持明显低于其他三个年级，而同学和朋友的支持又明显高于其他三个年级，大三父母支持最多。刘广珠的研究发现，一、二、三年级与四年级相比，朋友和同学给予的支持较多；而恋人的支持则是三、四年级高于一、二年级。

4. 家庭背景因素

李艳红的调查结果发现贫困生较少“寻求工具和社会性支持”，但李慧民等却认为，家庭经济状况对大学生社会支持的影响仅表现在客观支持方面，而相对于家庭收入而言，家庭结构是否完整及父母受教育程度的高低对子女获取社会支持的影响更为突出，特别是在主观支持维度上，完整家庭的学生及父母文化程度较高的学生均显示出高值。

5. 其他因素

除以上四种影响因素外，生源、是否为独生子女等因素也对大学生社会支持产生一定的影响。来自城市的大学生客观支持分高于农村学生，而主观支持与支持总分均低于农村学生，农村学生对获得的社会支持有着更多的积极情感体验和更高的满意度。彭欣等的研究表明，大学生的社会支持状况在是否为独生子女方面有差异，非独生子女大学生的社会支持总分显著高于独生子女大学生，其中非独生子女大学生对社会支持的利用度高于独生子女大学生，且具有非常显著的统计学意义。

二、大学生应激状态社会支持系统调查研究

国内外现有成果主要分析了一般生活情境中大学生社会支持的特点，而本研究试图对大学生应激情境下的社会支持进行探究，以掌握大学生在非常态下的求助特点。

（一）研究工具与方式

为了更加全面、更加深入地了解大学生在应激状态下的社会支持系统，我们在300名不同性别、不同年级、不同科类的大学生中开展了问卷调查。回收有效问卷255份，有效回收率为85%。

问卷由两部分组成，第一部分为被试的基本情况调查，涉及性别、年级、科类、家庭经济状况等。第二部分为应激状态社会支持调查，测量工具采用自制的《大学生应激状态社会支持状况调查问卷》。该问卷又分为三部分，第一部分从客观支持、主观支持和对支持的利用度三个维度对大学生社会支持的一般特点进行考察；第二部分从物质支持、信息

支持、陪伴支持、情感支持四个维度对应激状态社会支持状况进行考察；第三部分对六种特定事件和情境下（学业问题、恋爱问题、人际关系问题、前程问题、经济问题、重大与突发性事件）的社会支持特点进行考察。

（二）结果与分析

1. 大学生社会支持的一般特点

经描述性统计分析得知，大学生社会支持总分呈一般水平，其中客观支持与主观支持总分较高、支持利用度较低。性别差异性比较发现，男生和女生在三个维度和支持总分方面均不存在显著差异，女生在支持总分、客观支持和支持利用度三个维度上高于男生，男生只在主观支持维度上高于女生。这表明男生对所获支持的满意度较高，而女生的支持资源比男生丰富、对支持的利用率也较高。这种差异的存在与传统文化中对男女角色期望值的差异不无关系。

2. 大学生应激状态下社会支持的性质与来源

在被问及“身处困境，谁对于你至关重要”时，大学生普遍把父母列在第一位，把朋友放在第二位，把恋人放在第三位，其余依次为其他家人或亲人、同学、老师、其他组织或个人。父母、朋辈群体和恋人对大学生影响较大。其中，朋友所提供的情绪支持最多、父母第二、恋人第三；而在大学生所获得的物质支持、信息支持和陪伴支持中，均为父母第一、朋友次之、恋人（物质支持、陪伴支持）或老师（信息支持）第三。这说明大学生虽然一方面渴望独立，但另一方面却依然无法摆脱心理上和物质上对父母的依恋。同时，朋辈群体和恋人的支持对大学生也至关重要，而其他组织或个人（包括专业心理咨询机构或人员）所能够提供的帮助还未引起大学生的足够重视。

3. 大学生在特定事件和情境下的社会支持特点

以往的调查显示，我国大学生在遇到烦恼时，只有 11% 的人主动寻求帮助，有 84.4% 的人很少或偶尔寻求帮助，而 4% 的人根本不寻求帮助。实际上，大学生在困境中是选择独自面对还是寻求别人的安慰或帮助，与其所面对的困境的类型和性质有很大关系。在不同的应激情境中，大学生所表现出的求助欲是不同的。在遭遇学业问题时，大学生的求助倾向最为强烈，恋爱问题次之，排在第三位的是人际关系问题，这三类均是与大学生自身成长密切相关的问题，他们渴望在别人的帮助下探索成长的奥秘，找寻其中的答案。

在不同应激情境下，大学生所选择的求助对象也是不同的。在面对学业问题、恋爱问题、人际关系问题时，大学生所选择的前两位求助对象均为朋友和父母，恋人在学业、恋爱问题上列第三位，同学在人际关系问题上列第三位；而在面对前程问题、经济问题、重大与突发事件时，大学生所选择的首位求助对象便是父母，其次才是朋友，第三为老师（前程问题）、同学（重大遇突发事件问题）、其他家人或亲人（经济问题）。这一方面显示出，大学生在不同应激情境下所需支持的不同，以及不同支持群体所提供支持类型的不同，另一方面也显示出大学生在关乎自身成长的问题方面，更加渴望与朋辈群体进行交流，而在前程、经济等与家庭利益密切相关的问题方面，对父母和家人的依赖更为强烈。

第三节　大学生心理危机干预与社会支持

一、目前高校危机干预中启动社会支持系统的必要性

在心理危机干预较为发达的国家，启动社会支持系统并使其共同参与救助是危机干预工作必不可少的内容之一。而就我国目前的现实情况来看，社会支持系统在危机干预中的作用应更加凸显。

（一）危机干预工作人员的不足

在国外，危机干预队伍由两大力量组成。一是志愿者。这些志愿者接受过短期培训，多是曾经心理危机的受害者或是热衷于公共卫生服务事业的人员。美国在自杀和心理危机干预领域中最大的一个力量就是自杀者亲友组织，他们自己组成小组、团体，彼此帮助、互相支持，并说服政府对心理健康工作给予支持。另一个重要力量就是专业危机干预人员，他们大多是接受过危机干预专业培训的心理咨询师。美国的心理咨询人员至少要获得心理咨询硕士学位，在健康心理咨询、学校心理咨询、职业心理咨询、婚姻与家庭心理咨询、组织心理咨询等专业领域完成规定的实习内容和实习时间，并且须通过国家咨询者资格认定委员会安排的标准化考试，获取相应的营业执照。在欧洲，由于各国的教育体制不同，对心理咨询人员有些要求有博士学位，有些要求有硕士学位。例如，在荷兰，一名心理咨询者要经过 5~7 年的学习才能获得硕士学位，得到学位后须先去医院或诊所做助理工作人员 1~2 年，有了这样的资历以后，才有可能成为一名正式的心理咨询人员。

近年来，我国大众对心理咨询的认识不断加深，但对危机干预的认识不足。据统计，目前中国精神科医生的总数为 15000 名左右，其中掌握危机干预专业知识的还不到 1/3。我国高校现有的可委派承担危机干预工作的人员主要包括三部分人员：一是年轻的心理学专业工作者，二是医务人员，三是学生思想教育工作者。第一类人员虽然具备心理学知识，但没有经过心理咨询的专门训练；后两类人员由于缺乏基本的专门教育和训练，心理学理论素养和心理咨询的实践才能十分欠缺。因此，从我国高校现有心理咨询人员的现状来看，危机干预专业力量极其不足。

此外，没有社会工作者和志愿者的参与，危机干预也是不全面的，难以收到具体的效果。在这一点上，遍布于中国台湾地区各县市的生命热线的经验值得借鉴。这些热线的日常工作通常由义工担任，他们无偿地为那些处于心理危机中的人提供服务。志愿者不仅要

有热心，还必须接受长达12个月的有关精神医学、心理、生理、法律常识、协谈技巧的训练，随后还有3个月的实习考核，经评选合格后才能坐到电话机旁。在中国内地，危机干预还未引起全社会的广泛关注，危机干预培训机构的数量不多，其专业与非专业力量都亟待加强。

（二）危机干预机制的不完善

早在20世纪60年代，国外就出现了关于灾难的危机干预和危机管理系统，主要向遭受心理创伤的个体和自杀企图者提供公共服务。美国洛杉矶开通了世界上第一个被称为“希望线”（又叫“生命线”）的心理疏导热线。目前，欧洲和北美诸国10万~20万人口的城市都有危机干预中心，人员由精神病学家、心理学家、护士和社会工作者组成。

我国内地的危机干预依然处于起步阶段，最早的危机干预机构是南京危机干预服务中心，成立于1991年7月1日，当时曾引起众多国际卫生组织的关注。随后，北京心理危机研究与干预中心、四川省心理干预中心、福建省精神卫生中心干预自杀门诊、杭州心理危机研究与干预中心、深圳市心理危机干预中心等相继挂牌，这些机构在处理突发事件、对心理危机进行预警和干预方面发挥了重大作用。与此同时，在2003年SARS疫情到来后，北京师范大学、天津大学、四川大学、湖南大学等高校也相继成立了心理危机干预中心。但危机干预是一项系统工程，并不是建立了相关的机构就可以完成的，它需要资金、人力的全面投入，需要大众的广泛参与，需要一整套通畅的工作运行网络。目前我国社会和高校的危机干预机构普遍存在着资金短缺、人力资源有限、机制不完善的弊端。社会危机干预机构作为一种社会公益性质的组织，其大部分的运转资金要靠社会资助，但公众缺乏对这项事业的广泛关注，相应的志愿者也还不能满足需要，一个城市只配备几名专业的精神卫生工作者，这远远不能满足社会的需求。高校的情况也同样如此，只有在各领导、各管理部门、大学生的共同参与下，危机干预机制才能最大限度地发挥它的作用。

心理危机干预是一个国家精神文明和社会发展的重要标志之一，完善的危机干预机制应当有相应的制度保证，并有相应的机构和人员承担组织协调工作，在危机事件发生前就逐步建立起危机应对网络，以便在危机事件发生后，能够调动、协调、整合各种力量进行及时有效的危机干预。

（三）个体不善于寻求专业心理援助

在遇到心理问题时，一些人不愿意主动寻求专业帮助，他们把心理问题视为精神疾病，或将其与人的思想道德品德挂钩，并有着强烈的趋同心理。他们认为个人心理隐私一旦暴露，就会被视为异类，并招来周围人异样的目光。因此，他们心里痛苦时宁愿把苦恼咽在肚子里，寻求自我内心的调节，也不与人诉说，并认为这样反而会被旁人视为“坚强”。有的甚至把所有的情感压在心底，即使遇到再大的困难，也宁愿一个人默默忍受。即使不得不向人诉苦，他们也会选择向自己的亲朋好友诉说，而不习惯向陌生人袒露心扉。

一项对我国大学生求助方式的调查显示，部分大学生倾向于自己解决问题，有必要时多向父母或朋友求助。求助于专业心理咨询的比较率偏低，少数学生在遇到失眠或严重的心理困扰时会向精神科医生寻求帮助。虽然女学生的求助心理比男学生强烈，但也主要是求助于父母，较少求助于精神科医生，对精神卫生专业人员的不信任是求助行为的一种障碍。

（四）社会支持系统参与危机干预的及时有效性

个体在面对危机而不愿向专业人员寻求帮助时，其很大可能从潜在的社会支持力量中寻求最可靠的、最值得其信赖的支持，而社会支持相对于专业人员来说，在为危机个体提供帮助方面存在着明显的优势。

首先，危机干预的效果在很大程度上取决于干预是否及时，危机个体与社会支持成员平时交往密切，社会支持成员很容易对个体的异常表现有所察觉，且社会支持成员对危机个体的情况比较了解，他们了解个体过去的经历及当前的问题所在，能够轻而易举地对危机的情况进行确定，为危机干预节省了宝贵的时间。

其次，社会支持成员对个体各方面的情况都比较了解，可以引导和帮助个体采用惯常的应对方式去战胜危机。实际上，危机中的个体有时并非缺少有效的应对方式，而是被暂时的危机所蒙蔽，社会支持成员可以帮助其回忆，并引导其采用以往有效的应对方式。

再次，从危机个体的选择角度来说，与社会支持系统成员在一起，免除了传统的“医患”关系，使倾诉的空间更加宽松，因此其内心的情感可以得到更加充分的宣泄。

最后，危机个体通常有一种自我受到挑战的感觉，其在一定程度上依靠他人来维持和调节自我观念和自我感受，家庭成员、恋人、亲密朋友的作用是危机干预专业工作人员所无法代替的。

此外，社会支持成员的干预与危机个体的日常生活模式协调一致，这有利于摆脱危机之后的个体恢复正常生活。研究表明，即使是接受过专业危机干预工作人员的帮助，其干预效果仍然要在社会支持网络中得到检验和巩固，因为个体最终还是要回归到正常的社会生活当中。

二、危机干预中社会支持系统的作用

社会支持对于危机个体的作用是双向的，既存在积极作用，又存在消极作用。

（一）积极作用

1. 预警或求助

各高校危机干预机构应每年在新生入学时对其进行心理普查，根据测试结果，结合个体的背景和经历，确定心理危机的高危人群，并对这些人群进行重点监控。当社会支持成员发现个体有异常情况时应及时向专业机构提供预警信息，使个体在危机早期就得到辅导和干预，从而避免状况的恶化。当危机发生后，在社会支持成员力所不及且个体缺乏自主性和能动性的情况下，向就近的危机干预机构或所在高校的危机干预中心求助是非常必要的。社会支持成员是提供预警信息、寻求帮助的重要资源。

2. 提供帮助

按照社会支持的类型来划分，社会支持成员能够向危机个体提供的帮助包括情感支持、物质支持、信息支持和陪伴支持等。情感支持包括积极的倾听并做出回应、表示理解和关怀、让危机个体产生信任和安全感、促进情绪的宣泄；物质支持指提供物质帮助、物资资源或所需服务等。物质支持通过直接提供解决问题的工具，或者为个体提供放松或娱乐的时间来帮助其减少压力反应；信息支持指有利于对问题事件进行说明、理解和应对的支持；陪伴支持指能够与他人共度时光，从事消遣或娱乐活动。这可以满足个体与人交往的需要，减少压力问题给人带来的困扰或通过直接带来的正面情绪影响来减少压力反应。社会支持成员向危机个体提供的帮助应贯穿危机过程的始终。

3. 巩固疗效

危机干预结束后，求助者可能会对危机干预工作人员产生依赖，但无论危机干预的效果如何，危机个体终究要回到社会中，接受日常生活的检验，社会支持成员的参与使这一过程显得更为缓和和自然，他们可以帮助个体重新融入正常的生活中去。

（二）消极作用

好的社会支持会使个体形成正确的自我认知，能够有效地融入日常生活环境中，产生健康行为，解决困扰、消除危机。但目前仍存在着一种相反的声音，一些研究表明当个体处于压力状态时，来自他人的社会支持反而使个体对压力的体验更加强烈，使其应对能力降低，并产生孤独和寂寞的感觉。不少研究结果验证了这种观点，尤其当社会支持对自我管理信念、自尊和自信产生伤害，导致自我不信任、无助感或与被帮助者的需要不相符时，社会支持的负面作用就会更加明显。

曼尼等将研究聚焦在一些接受太多或不需要社会支持的被试者身上，以探讨社会支持的负面影响因素。被试者表示由于支持有时是令人为难或不合适的，因此对于他们来讲，社会支持并不总是有利的，甚至还会使他们产生压力。这些负面影响有不同的支持来源，性别间也存在差异。森伯格也认为，在压力低时，高社会支持获得者反而比低社会支持获得者呈现出更多的症状。这种现象或许可以用社会交换感来解释。一个人如果感到自己给予别人的支持多于自己得到的支持，就会产生不公平感和反抗情绪；而当其感到所接受的支持大于所给予的支持时，内心会感到不安。社会支持对个体的增益作用只有在这两种感觉达到平衡时才会产生。一个人如果认为自己缺乏回报能力，便不会求助于人，甚至会拒绝别人的支持。

除此之外，社会支持成员对危机干预基本常识的缺乏也是导致支持效果不尽如人意的原因之一。社会支持成员的危机干预多是自发开展的，他们往往缺乏必要的专业干预技能，在实际操作中容易陷入误区。如试图劝说个体忘掉当前的不快，尽量想一些高兴的事；或认为自己有责任尽快帮助个体找到最佳的解决方法；等等。实际上，大多数情况下社会支持成员能够向个体提供陪伴与情感支持已足矣，特别是在危机初期，保持倾听并使个体情绪得到充分的释放，能够极大促进平衡状态的恢复。

社会支持还有一点不容忽视的消极作用，即涉及个体的隐私权问题。个体的社会支持系统在很大程度上是其人际交往系统，个体向其亲朋好友倾诉时往往会顾及自己的心理隐私是否会被泄露在人际交往圈内。这也是危机个体不愿利用社会支持资源的原因之一。而专业的危机干预工作者由于受过基本从业素质的培训，且与个体素不相识，在这一点上比较占优势。

三、危机干预中对社会支持的利用

危机干预中对社会支持的有效利用可以缓解危机，使个体尽快走出困境。

（一）保持与个体社会支持系统的联系

这里的“保持”包含两层含义，对于大学生个体来讲，要积极建构并拓展自己的社会关系网络，以便拥有丰富的社会支持资源；而对于危机干预工作者而言，要掌握危机个体的社会支持信息，以便与社会支持成员一起来对个体进行帮助。

1. 大学生社会支持系统的建构与拓展

大学生社会支持的来源主要集中于家人、朋友、亲戚、老师和同学这五类人群，也就是说，大学生潜在的和所获得的社会支持仅是一种人际支持，但实际上除了人际支持外，社会支持还包括组织支持（组织支持又分为正式组织支持与非正式组织支持），大学生在对人际支持网络进行充分建构的同时，也不能忽视对于组织支持的利用。在这一点上，学校的任务在于完善机构设置，为大学生提供心理求助与互助的场所。除设立心理咨询、危机干预等正式机构外，还可以协助大学生成立心理互助社，发展朋辈辅导与咨询。这种组织主要依靠大学生进行自我管理，组织成员多为受过简单专业培训和曾经出现过不同程度心理问题的大学生。由于朋辈咨询中的双方在生活阅历、知识结构等方面具有很大的相似性，因此可以减少隔阂，有助于辅导和咨询工作的开展。在这一互助过程中，咨询双方都可能获得成长。

2. 充分利用个体社会支持资源

这一点也是就危机个体与危机干预工作人员两者来说的。对于危机个体来讲，要主动、积极地利用自己潜在的支持资源；而危机干预工作者也要保持与个体社会支持系统的联系。对于高校危机干预工作者来说，通常通过两种途径获取个体社会支持资源信息：一种是从与个体的谈话中获取，从而直接与社会支持成员取得联系；另一种是通过学生所在院（系）的辅导员或班主任间接与社会支持成员取得联系。大学生一般离家较远，就近的联系多是同学、朋友与老师。但有关调查显示，大学生尽管正在不断走向成熟，却仍然在很大程度上保持着对父母（家人）的依恋，而且父母的支持相对于朋辈群体来讲对个体的影响较大。因此，不能忽视对父母（家人）这一重要支持资源的利用。

（二）社会支持成员要掌握必要的危机干预知识

社会支持成员对于危机个体的帮助多是出于一种情感的本能，往往是自发的、盲目的，缺乏必要的理论和技术指导，有时会导致负面效果。因此，社会支持成员掌握必要的危机干预知识至关重要。

关于如何对待处于心理危机中的人，人们一般会抱有误解和偏见，并存在以下几种不恰当的行为和看法。

①喋喋不休。

②劝导其尽快忘记当前的不愉快事件。

③让其回忆并述说创伤事件其实是往伤口上撒盐。

④对其想法和行为进行评价。

⑤不断向其提供解决问题的建议。

⑥说要自杀的人实际上不会自杀。

⑦直接询问是否自杀反而会导致其产生自杀的想法。

⑧自杀、伤人等极端行为都是一时冲动造成的。

持有这些误解和偏见是十分有害的。那么，社会支持成员如何才能更好地向个体提供帮助呢？

①要保持冷静，耐心倾听，让其说出自已内心的感受，并表示理解和关心。

②要保持接纳，不对其想法和行为做任何评判，也不要试图说服其改变自己的内心想法。

③询问其是否有自杀的想法，并相信其所说的话，任何自杀迹象均应认真对待，不要答应对其的自杀想法给予保密。

④让其相信别人是可以为他提供帮助的，并鼓励他寻求他人的帮助和支持。

⑤在向对方提供物质等支持前，要做到充分沟通，考虑其实际需要，否则只会帮倒忙。

⑥要尽量取得他人的帮助以便他人与你共同承担帮助其的责任。

⑦如果你认为其即刻自杀的危险性很高，要立即采取措施保证其安全。

⑧如果自杀行为已经发生或个体具有严重的攻击倾向，应立刻将其送往就近的医疗机构或寻求专业人员的帮助。

（三）不能忽视对社会支持系统本身的关注

危机是个体成长的机会，在经历危机之后，个体能够从危机的解决过程中吸取经验，这有利于其日后的成长和发展。对社会支持成员来说，他们也在危机干预的过程中通过与危机个体和其他成员之间的交流，了解到有关问题和应对策略等有用信息，自身也得到了锻炼并获得了成长。但危机对于社会支持成员的危害也是存在的。一般来讲，维系危机个体与社会支持系统成员的多是深厚的情感纽带，在危机发生后，社会支持成员会很自然地投入过多的情感，这种超负荷的情感会使其随个体经历太多的悲伤和痛苦，甚至会唤起他在自己生活中曾经有过的负面感受和情绪。这种情况被称为“移情”（或“共情”“投情”）。专业危机干预工作者有时也会陷入当事人的事件中无法自拔，产生移情现象。因此，完善的危机干预机制涉及对于工作人员情感的善后处理，包括所有参与人员的总结报告会、定期的在岗培训及为每一位工作人员配备心理督导等。危机个体的社会支持系统也应如此，工作者要关注支持成员的情感变化，在适当的时候给予其相应的心理疏导，避免其成为下一个危机受害者。其中，尤其要注意对于干预失败或自杀死亡个体案例中社会支持人员的帮助。

参考文献

[1] 欧阳辉，袁忠霞．大学生心理健康应用教程 [M]．沈阳：辽宁教育出版社，2010.

[2] 陈玉焕．大学生心理健康教育导论 [M]．郑州：河南人民出版社，2009.

[3] 黄希庭．大学生心理健康教育 [M]．上海：华东师范大学出版社，2004.

[4] 张玲．心理健康研究与指导 [M]．北京：教育科学出版社，2001.

[5] 段鑫星，程婧．大学生心理危机干预 [M]．北京：科学出版社，2006.

[6] 陶国富，王祥兴．大学生积极心理 [M]．上海：华东理工大学出版社，2005.

[7] 陈国海，许国彬，肖沛雄．大学生心理与训练 [M]．2 版．广州：中山大学出版社，2005.

[8] 金晓明．大学生心理危机干预指南 [M]．杭州：浙江大学出版社，2015.

[9] 于兰，等．心理危机与干预措施 [M]．长春：吉林科学技术出版社，2007.

[10] 秦喆．积极心理学视野下大学生心理危机干预构想 [M]．北京：航空工业出版社，2019.

[11] 陈道明．心理危机干预研究 [M]．北京：现代教育出版社，2009.

[12] 郭薇．心理危机干预概论 [M]．成都：四川科学技术出版社，2007.

[13] 翟书涛．危机干预与自杀预防 [M]．北京：人民卫生出版社，1997.

[14] 王燮辞．青少年心理危机干预概论 [M]．成都：四川大学出版社，2011.

[15] 聂衍刚．青少年心理危机的心理机制及干预策略 [M]．广州：广东高等教育出版社，2017.

